Gernot Friedrich

Mit Kamera und Bibel durch die Sowjetunion

Ein thüringer Pfarrer besucht illegal Brüder und Schwestern im Osten

W0389495

verlag am park

ISBN 3-932180-17-8
© verlag am park, Berlin 1997.
Alle Rechte beim Autor, Nachdrucke sowie Verwertung in Film, Funk und Fernsehen und auf jeder Art von Bild-, Wort- und Tonträgern sind honorar- und genehmigungspflichtig.
Alle Rechte vorbehalten.
Einbandgestaltung: Robert Schumann
Satz: edition ost, Druck: Clausen & Bosse, Leck

Die Deutsche Bibliothek – CIP-Einheitsaufnahme
Friedrich, Gernot: Unterwegs in der Sowjetunion : ein Pfarrer mit Fahrrad besucht Brüder und Schwestern / Gernot Friedrich. – Berlin : verlag am park, 1997
ISBN 3-932180-17-8

Das Buch

Der Autor behauptet, er habe Zigeunerblut in sich und sei daher so umtriebig. Diese Erklärung gab er auch gegenüber dem Vertreter des MfS ab, der – auf Betreiben des sowjetischen Geheimdienstes, welcher Friedrich als Spion ausgemacht haben wollte – ihn in den frühen 80er Jahren an die Kette legen sollte. Der agile Pfarrer aus Thüringen ließ aber nicht von seiner Leidenschaft, auswärtige Christenmenschen zu besuchen. Da jedoch der Aktionsradius eines DDR-Bürgers objektiv begrenzt war, konnte er sich notgedrungen nur Richtung Osten bewegen. Und damit hatte er den Salat.
Seine Berichte und Reportagen erschienen seinerzeit in einigen Kirchenzeitungen, zu einer Sammlung zwischen zwei Buchdeckeln kam es nie. Dennoch besteht unvermindert Interesse. Gernot Friedrich ist nämlich noch heute mit seinem Diaprojektor unterwegs und provoziert im Publikum die jeden Verleger erfreuende Frage: Wo, Herr Pfarrer, kann man das alles nachlesen? Hier natürlich.

Der Autor

Gernot Friedrich, Jahrgang 1937, geboren und aufgewachsen in Zeulenroda/Thüringen, Sohn eines Lehrers. Pädagogik-Studium in Mühlhausen, Exmatrikulation wegen aktiver Kirchenzugehörigkeit. Arbeit bei der DEWAG-Werbung in Gera, nach einem Jahr Theologie-Studium in Naumburg, Berlin und Halle. Vikar und Hilfsprediger in Schmölln, Eisenach und Oberroßla bei Apolda. Nach einem Zwischenspiel in der Berliner Zentrale der Aktion Sühnezeichen 20 Jahre Gemeindepfarrer in Jena und zehn Jahre in Gera. Daneben Gesangsstudium in Berlin und Leipzig und seitdem auch solistisch tätig. Bereiste bis 1989 mit Bahn, Bus, Fahrrad, als Anhalter und zu Fuß alle Ostblockstaaten, wiederholt die Sowjetunion, kennt inzwischen alle europäischen Länder und war zu Gast bei Freunden auf allen Kontinenten.

Inhalt

Zum Geleit

Ein Pfarrer wurde während meiner Dienstzeit als Bischof besonders hartnäckig vom Ministerium für Staatssicherheit überwacht und eingeschränkt. Es war der Autor des vorliegenden Buches, Gernot Friedrich. Er bereiste für Touristen gesperrte Gebiete der Sowjetunion, um die lutherischen Gemeinden, meist deutscher Herkunft, ausfindig zu machen. Diese Gemeinden lebten damals in bedrohlicher Illegalität und waren isoliert.

Bei diesen Reisen wurde unser Pfarrer vom sowjetischen Geheimdienst KGB gestellt und als Spion verdächtigt. Eine wachsame Abwehr mußte diesen Verdacht hegen – war das nicht eine glänzende Verkleidung: kurze Hosen, Sandalen, Rucksack und Fahrrad, gepaart mit guten Kenntnissen der russischen Sprache und abseits der offiziellen Tourismuswege unterwegs bis tief nach Sibirien hinein? Dazu konnte sich der Verdächtige die Herzen der russischen Menschen mit seiner Begabung als Oratoriensänger in Fluge erobern.

Wen der KGB an den Staatssicherheitsdienst weitergemeldet hatte, der wurde besonders gründlich observiert und nie losgelassen. In mühsamen Verhandlungen gelang es mir zwar, Pfarrer Friedrich aus dem Verdacht der Spionage herauszulösen, beendet wurde seine Überwachung freilich nie, solange die DDR bestand.

Zurückgekehrt von seinen abenteuerlichen Reisen vermittelte der singende Wanderer in Vorträgen und Erzählungen seine Erlebnisse und Erfahrungen mit den lutherischen Christen, den Baptisten, aber auch den Angehörigen der Russischen Orthodoxen Kirche. Das hat uns in der Abgeschnittenheit von der Außenwelt geholfen, ökumenische Gemeinschaft nach Osten hin zu praktizieren.

Spannend, liebevoll schildert der Verfasser seine Erlebnisse auf den abenteuerlichen Wegen zu den Christen in der damaligen Sowjetunion. Ich wünsche dem Buch viele aufgeschlossene Leser, deren Herzen noch nicht verkrustet sind, sondern die bereit sind, sich noch einmal einer Zeit zu öffnen, in der es gefährlich war, weit entfernte Brüder und Schwestern im Glauben zu besuchen.

Dr. Werner Leich D. D.
Bischof em.

Vorwort: Jenes Licht aus dem Osten

Wie alle Jahre zur Urlaubszeit geht es auf Fahrt in das große Land Sowjetunion – in der letzten Zeit nach Rußland, Estland, Georgien.

Zu sozialistischen Zeiten hatte ich mir immer wieder mit List die nötigen Papiere besorgt: über mühsam zu erwirkende Einladungen bzw. als Transitweg aus der Mongolei oder aus Bulgarien kommend. Dabei mogelte ich mich – oft fernab von den offiziellen Reisewegen – durchs Land: Unangemeldet, ungenehmigt, die Transitzeit überdehnend, die Transitwege ausbeulend, gelangte ich bis hoch zum Eismeer, über den Kaukasus im Süden oder bis nach Wladiwostok im Osten, jedesmal mit List und Tücke und einer großen Portion Glück meine Spuren für den mir nachfolgenden KGB verwischend.

Wer auf solche Art reist, muß beweglich sein, darf nicht viel Gepäck mit sich herumschleppen. So hatte ich meinen Faltbeutel oder später mein Umhängetäschchen sorgsam gepackt. Nur das Allernötigste wurde mitgenommen. Was aber war für vier Wochen unbedingt nötig? Natürlich die Reisepapiere, Landkarte und das Schreibzeug, das Geld, die Fotoausrüstung, eine Reiseapotheke, Zahnbürste, ein Stückchen Seife in der Hosentasche und die drei bis vier Hemden, die eine äußerst vielseitige Verwendung erfuhren. Nach ausführlicher Benutzung wurden sie zerrissen und nochmals als Handtücher benutzt, später ließen sich daraus je vier Taschentücher reißen und zuletzt konnte man damit noch einmal die Füße abtrocknen, dann die Sandalen putzen, bevor man sich endlich davon trennte und damit einen Fluß verunreinigte. Halt, noch ein wichtiges Utensil durfte nicht vergessen werden, weil es das im großen Land nicht gab – eine Rolle Klopapier. Stets nahm ich auch noch einen Beutel mit russischen Bibeln mit –

zum Verschenken. Der wurde – wie mein Gepäck – ebenfalls allmählich weniger.

Die Bibeln schmuggelte ich bereits vor Reisebeginn aus der DDR heraus und deponierte sie in Polen bei Freunden, die sie mir später unterwegs zum Zug brachten. So blieben die besonders gründlichen DDR-Grenzkontrolleure, die bei mir Bibeln vermuteten, stets erfolglos. Auf der sowjetischen Seite hatte ich meist Glück, weil dort die Zollbeamten von den Deutschen entweder zu spät gewarnt worden waren (so lese ich es nachträglich noch in meinen Stasi-Unterlagen mit Schadenfreude) oder weil mir die sowjetischen Kontrolleure manchmal sogar noch behilflich waren und geflissentlich den Inhalt des Beutels übersahen. Nur einmal wurden in Brest alle 20 Bibeln konfisziert und demonstrativ neben den Porno-Schriften als verbotene Konterbande zur Schau gestellt. Aber auch in diesem Fall konnte ich durch einen heimlichen Wink eines anderen Beamten 17 Bibeln wieder zurückerkämpfen.

Geschlafen habe ich unterwegs auf Bahnhöfen, auf Parkbänken, auf Baustellen in großen Betonröhren – in der mittleren straßenabgewandten Etage. Im heißen Süden schlief ich einfach auf der Straße vorm Bahnhof, den Kopf auf meiner Tasche, zugedeckt mit der großen Prawda. Neben mir lagen meist schon andere Schlafgäste, gleich mir bedeckt mit der Zeitung. Bald rutschte der nächste heran, und frühmorgens hatte ich mir dann gelegentlich Läuse eingehandelt. Aber das Mittel dagegen befand sich wohlweislich in meiner Reiseapotheke. Ich nahm aber auch die Gastfreundschaft der Leute in Anspruch, die großzügig, unkompliziert, herzlich und selbstverständlich ist, obwohl sie wußten, daß das ungenehmigte Aufnehmen von Ausländern verboten war. Eines kam für mich nicht in Frage: die Hotelübernachtung. Denn sie hätte unnötige Reisedokumentenkontrolle bedeutet. Und die konnte ich nicht gebrauchen.

Freilich bin ich bei dieser Art des Reisens nicht von Abenteuern verschont geblieben. Einige Male wurde ich bestohlen, glücklicherweise meist nur die Uhr oder das

Taschengeld. Ich geriet in Schlägereien beim Fahrkartenkauf. Außer ein paar Rippenbrüchen nahm ich aber an der Seele keinen Schaden und fuhr beherzt immer wieder aufs Neue los. Ich erlebte ein Erdbeben, geriet in Unwetter und sommerliches Schneegestöber, auch in eine so schlimme Regenperiode, daß ich in Sibirien drei Tage vergeblich auf mein Flugzeug warten mußte. Dann hatte ich ein beliebiges anderes genommen. Mein vorgesehenes Flugzeug ist abgestürzt. Einmal bin ich versehentlich in den falschen Flieger gestiegen, ein anderes Mal per »Flugzeuganhalter« ins Polargebiet »getrampt«.

Meist reiste ich unerkannt. Die Einheimischen sagten mitunter zu mir: »Vom Typ her hatten wir dich für einen Armenier gehalten, aber nun hören wir an deinem russischen Akzent, daß du aus Estland kommst.« Nur manchmal bin ich – meist beim Fotografieren – als Ausländer erkannt worden. Dann mußte ich schnell flüchten oder wenn man mich weiter verfolgte, das Fahrzeug wechseln, notfalls auch das Hemd, um mir ein anderes Aussehen zu verschaffen. Zuweilen habe ich mir mit einem Taschentuch den Bart zugehalten oder mich unter andere Bartträger gemischt, so daß die Polizei nicht selten den Bartmenschen neben mir fragte, ob er der Mister Friedrich sei.

Dennoch geriet ich einige Male mit den Behörden in Konflikt. Ich wurde meine Filme los oder man nahm mich in »freundlichen Gewahrsam«. Aber ich kam stets glimpflich davon: Man brachte mich zurück auf meinen Transitweg oder in mein vermeintliches Interhotel. Natürlich hat man all das brav in meinen Akten vermerkt und gesammelt.

Daß man mich für einen Spion hielt, der Militärobjekte registriert, fotografiert und in den Westen weitergemeldet hätte, habe ich erst mit Staunen und nachträglichem Schrecken aus den später nachgelesenen Stasi-Anschuldigungen erfahren.

Nach sieben großen Reisen mußte ich eine Zwangspause einlegen. Offensichtlich hatte man genügend Belastungsmaterial gegen meine gar zu großzügige Reiserei gesammelt, um mir in der DDR den Prozeß zu machen. Mir wurde wegen »Transitvergehens« der DDR-Ausweis entzogen. Ich erhielt den sogenannten »P 12«. Das war ein Papier, mit dem man nicht ausreisen durfte und das bei den ständigen Kontrollen immer Nachfragen provozierte. Nach einem Jahr – ich hatte den Antrag auf Staatenlosigkeit gestellt – bekam ich meinen richtigen Ausweis zurück und durfte wieder reisen. Zunächst jedoch nur über die südlichen Grenzen. Einige Jahre war ich deshalb bei Zigeunern zu Gast in Bulgarien, Rumänien und Ungarn. Später – wieder ein »legaler« Mensch – stand mir die Ostgrenze wieder offen, und ich konnte im großen Land die alten Freundschaften pflegen und neue knüpfen.

Bis heute zieht es mich immer wieder in die große Union, obgleich es sie nicht mehr gibt. Ich habe dort großartige Menschen getroffen, die mir unterwegs halfen, mich freundschaftlich aufnahmen, bewirteten und beschenkten, die mich innerlich bereicherten. Mit vielen hat der Kontakt gehalten, ich habe sie öfters besucht oder sie zu mir eingeladen.

Allmählich erhielt ich auch ein Bild vom christlichen Gemeindeleben, war in vielen Gemeinden in allen fünfzehn Sowjetrepubliken zu Gast. Die menschliche Warmherzigkeit hat mich immer wieder in den Osten gelockt, denn: ex oriente lux! Jenes Licht aus dem Osten hat meine Erfahrungen neu angeleuchtet, erleuchtet, ausgeleuchtet, es hat mich die Menschen des Ostens lieben gelehrt.

Gernot Friedrich

Da will einer nach China laufen

Jahrelang wurde ich diese Vision nicht los: Wir leben in unserem kleinen geschlossenen Land wie die gut gefütterten feisten Karpfen in einem kleinen geschlossenen Karpfenteich. Treulich behütet und umsorgt, bar aller Mühen der Eigeninitiative. Wir bekommen unser normal portioniertes Futter zugeteilt – freilich manchmal mit einigen Versorgungsmängeln. Wir leben im stehenden, lauwarmen Wasser des kleinen abgeschirmten Bottichs und ahnen nichts von der großen Weite mit ihren Verlockungen und Gefahren. Die Weite ist jenseits der Dämme. Da gibt es schlanke Forellen im kalten, fließenden Wasser. Die müssen sich ihr Futter selbst suchen, aber sie dürfen frei alle Bäche und Flüsse durcheilen, bis ans weite Meer. Zeitlebens bin ich die Sehnsucht nach jenen kalten, freien Bächen nicht losgeworden.

Ein wenig Illusion von der Weite verschaffe ich mir, indem ich ständig in die anderen erlaubten fünf europäischen Volksdemokratien reise. Man lebt dort zwar auch im stehenden Wasser, aber mit einem Hauch von Fremdheit und Andersartigkeit. Zuletzt reise ich so oft dorthin, daß mir auch diese Fremdheit vertraut ist bis in die entlegensten Winkel.

Die einzige Stelle, an der sich der Uferrand noch einmal zu einer großen Weite auftut, ist die Sowjetunion und die noch weiter östlich gelegenen Volksdemokratien. Einmal besuchte ich mit Jugendtouristik Baku, aber das Eingebundensein in der Reisegruppe war nicht meine Welt. Dauernd brach ich aus, ging meiner eigenen Wege, brachte mich und die Gruppe ständig in Schwierigkeiten. Nein, ich muß alleine reisen. Manche Gespräche mit waghalsigen Studenten oder Wissenschaftlern der Jenaer Universität haben mich ermutigt, es ihnen nachzutun. Man trifft sich geheim in Wohnungen, deckt das Telefon mit Kissen zu und schmiedet Pläne, wie man aus dem Land kommen kann.

1968 stelle ich bei der Jenaer Polizei einen Antrag auf Ausreise in die Mongolische Volksrepublik. Erstaunlicherweise erhalte ich recht bald die Genehmigung, was mich mißtrauisch macht. Wo ist da der Pferdefuß? Den finde ich in der mongolischen Botschaft in Berlin. Mit süßlichem Lächeln und übertriebener Freundlichkeit erklärt man mir: Eine Einreise könne nicht gewährt werden. Das Land sei für den offiziellen Tourismus noch nicht genügend vorbereitet. Es würden lediglich Transitvisa erteilt.

Ich werde hellhörig. Ich soll's also mit einem Land versuchen, das hinter der Mongolei liegt?

Ich stelle bei der Jenaer Polizei erneut meinen Antrag, diesmal nach China. In kürzester Zeit ist der Paß bearbeitet, der mongolische Stempel annulliert; es prangt neu der Ausreisestempel nach China. Wieder suche ich die entsprechende Botschaft in Berlin auf. Ich werde freundlich mit chinesischem Tee bewirtet und bekomme eine Anwort, die mit jener in der mongolischen Botschaft beinahe identisch ist und gegenseitige Absprache verrät: Die Einreise wäre leider nicht möglich, der Tourismus müsse erst noch aufgebaut werden, er käme aber bestimmt noch. Zur Zeit gäbe es nur ein Transitvisum.

Ich bleibe hartnäckig und versuche es mit Nordkorea. Inzwischen begriff ich auch, warum die Polizei mit der schnellen Genehmigung so großzügig sein konnte. Es kostete sie nichts, der Schein blieb gewahrt, denn man wußte, die Barriere kommt noch. Und sie kommt auch diesmal in der nordkoreanischen Botschaft in Prag: Es ist der übliche Wortlaut, es ginge nur die Durchreise. Wie gut doch die sozialistischen Genossen zusammenarbeiten! Aber jetzt geht es bei mir nicht. Denn für das dahinterliegende Land Südkorea bekomme ich keine Ausreise. Ich frage in Prag noch nebenan bei der kambodschanischen Botschaft wegen einer Einreise nach: Ja, das wäre schon möglich. Doch die Ausreise dorthin ist es nicht.

Es ist also alles nur ein Spiel gewesen – ohne Konsequenzen. Ich habe nun im Paß drei Ausreisestempel, die Ausreise nach China ist sogar noch für sechs Monate gültig.

Verträumt betrachte ich immer wieder den chinesischen Ausreisestempel. Er weckt in mir erneut das Abenteuerfieber.

Bei einer Kurzreise nach Polen frage ich den Grenzbeamten, ob man denn auch mit einer chinesischen Ausreise nach Polen einreisen dürfe? Der Beamte hält das für einen Scherz und meint: Ich käme zwar nicht nach China rein, aber aus der DDR käme ich zumindest in diese Richtung raus.

Da ist mein Plan gemacht: für eine Urlaubswoche im Herbst, um mich der Mühe für die Botschaftslauferei zu entschädigen – nach Polen. Im August 1968 reise ich ab.

Am Grenzübergang überfällt mich das flaue Gefühl in der Magengegend, wie immer an Grenzübergängen. Der deutsche Beamte stutzt zwar über meine ungewöhnliche Ausreisegenehmigung, aber er läßt mich anstandslos passieren.

Nun bin ich mit meinem China-Visum wenigstens bis Polen gekommen. Ohne festes Ziel trampe ich durchs Land. Aber die Ostgrenze zur Sowjetunion zieht mich unbewußt magisch an, ich lande schließlich an der Autoausreisestelle vor Brest. Ich will sie lediglich einmal anschauen die große Brücke über den Bug, die hinüberführt ins große Land. Menschenleere am Schlagbaum. Hier herrscht offenbar sehr wenig Grenzverkehr, so daß die polnischen Grenzbeamten verwundert aus ihrem Häuschen kommen, um mich seltenen Wandervogel zu betrachten. Wohin ich denn wolle, fragen sie lachend. Ich greife ihren scherzenden Ton auf und entgegne großspurig: »Nach China!« Sie pfeifen anerkennend durch die Zähne und wollen meinen Paß sehen. Tatsächlich steht da »China« drin.

Aber es sei ja nur die Ausreisegenehmigung. Ob sie mich mit solch einem Stempel über die Grenze lassen würden, frage ich. Sie schon. Aber die Russen drüben würden mich wahrscheinlich nicht hereinlassen. »Na«, fragen sie, »wollen wir es auf den Scherz ankommen lassen?« »Gut, ich versuch's!« Erheitert rufen sie ihre Kollegen aus dem Häuschen: »Kommt, steht Spalier und salutiert! Hier will einer nach China laufen.« Der Schlagbaum wird hochgelassen, ich erhalte meinen Ausreisestempel und schreite tapfer auf die Bug-Brücke zu. Sie winken mir mit großem Hallo nach.

Auf der anderen Seite geht es nicht so humorvoll zu. Der Posten beobachtet mich schon lange durchs Fernglas. Als ich bei ihm ankomme, sieht er sich nicht genötigt, ebenfalls den Schlagbaum zu lüften. Nein, hier habe ich respektvoll davor zu warten. Er hat telefonisch den ranghöheren Beamten benachrichtigt, der nach einer Weile kommt und mich ins Wachhaus führt. Lange prüft er meinen Paß und verschwindet dann auf längere Zeit damit, um danach mit einem mitgebrachten Dolmetscher mit mir zu verhandeln.

Wohin ich denn wolle? Was bleibt mir weiter übrig, als nun ernsthaft – scherzen ist hier nicht angebracht – bei meinem großspurigen Plan zu bleiben: »Nach China!« Der Grenzer verschwindet wieder zur Beratung, um mir danach dolmetschen zu lassen: Es täte ihm außerordentlich leid, daß ich umsonst die weite Reise hierher gemacht hätte. Aber sie wäre nun zu Ende. Er müsse mich wieder zurückschicken. Er könne mir leider aus folgenden vier Gründen keine Einreise gewähren:

Erstens hätte ich zu wenige Papiere in der Hand. Nur der Reisepaß alleine genüge nicht.

Zweitens hätte ich in keinem Reisebüro Schlafplätze bzw. Hotels in der Sowjetunion gebucht. Ich könne nicht nachweisen, wo ich die Nächte verbringen würde.

Drittens sei ich als Einzelreisender gekommen und nicht in der Gruppe. Solcher Individualtourismus sei in der Sowjetunion nicht bekannt und nicht üblich.

Viertens sei ich zu Fuß über die Grenze gelaufen. Das wäre noch nie vorgekommen und wäre auch international nicht üblich. Wenn ich wenigstens mit dem Zug angereist wäre …

Ich habe kein Wunder erwartet, tue aber dennoch betrübt. Ich werde mit Handschlag verabschiedet, und

»mein« Posten vom Schlagbaum geleitet mich wieder dorthin. Ich darf darunter durchkriechen und mich unter seiner Fernglasbeobachtung wieder auf der Brücke entfernen.

Das Ganze war höflich und humorlos.

Um so heiterer werde ich auf der polnischen Seite empfangen. Schon von weitem tönt mir der Spott entgegen: »Na, nach zwei Stunden schon zurück aus China?« Wieder sind die Grenzbeamten zum Spalier angetreten, lüften extra den Schlagbaum. Und ich bekomme ganz offiziell den Einreisestempel. Unter Lachen fragen sie mich, wie's denn so war, drüben – beim großen Bruder? Mit Handschlag werde ich zur Rückreise verabschiedet.

Rückreise? Nicht so schnell. Noch habe ich nicht alle Möglichkeiten ausgeschöpft. Hatte nicht der sowjetische Beamte selbst gesagt: »Wenn Sie wenigstens mit dem Zug angereist wären.« Wo ist die nächste Bahnstation? Das ist Terespol. Einer der Grenzbeamten bringt mich mit seinem Auto hin.

Das erste klappt sofort. Ich kaufe eine Fahrkarte nach Brest. Sie kostet im internationalen Tarif nur ein paar Pfennige. Das nächste ist schon problematischer. Der nächste Zug fährt erst gegen Abend. Schade, damit geht meine Zeit dahin. Der Urlaub ist in drei Tagen zu Ende, was also soll ich die Zeit vertun hier in dieser menschenleeren Gegend. Verdrossen entschließe ich mich zur Rückreise. Ein freundlicher Lastwagenfahrer hat gleich beim ersten Winken angehalten, er fährt sogar nach Warschau. Im Lkw komme ich dann endlich zur Besinnung, und je weiter wir uns von der Grenze entfernen, nimmt mein Ärger über mich selbst zu, weil ich so schnell aufgegeben habe. Und da ist wieder der Satz: »Wenn Sie doch wenigstens mit dem Zug gefahren wären.« – Ich fordere den Fahrer auf anzuhalten. Ich will wieder zurück. Der ist verwundert, rät mir, wenigstens bis zum nächsten Ort mitzufahren, dort sei eine Bahnstation.

In Biala kaufe ich eine Fahrkarte nach Terespol und warte auf den Abendzug, der über die Grenze nach Brest fahren soll. Im Zug versuche ich dem Schaffner zu entkommen, weil ich nicht sicher bin, ob meine nationale Fahrkarte bis zum Grenzort im internationalen Zug Gültigkeit besitzt. Ich arbeite mich drängelnd nach vorn. Kurz vorm Halt bleibe ich in einer Reisegruppe stecken.

Wie gut, daß ich schon im Zug bin. Der Grenzbahnhof wird von Kontrolleuren abgeriegelt, die Passagiere dürfen nur nach Einsicht in die Reisedokumente in den Zug steigen. Meine sind bekanntlich nicht ganz astrein, schließlich hatte ich meine Ein- und Ausreise für heute bereits weg. Und wieder ist da dieses bekannte flaue Gefühl in der Magengegend.

Als der Grenzpolizist erscheint, zücken alle ihre Reisedokumente und schreien das Zauberwort »Gruppe, Gruppe«. Sie erhalten unbesehen ihre Stempel, auch der für mich war dabei. Die zweite Ausreise an diesem Tag ist für mich glatt über die Bühne gegangen.

Aber wie wird es mit der Einreise werden? Soweit darf ich gar nicht denken. Abwarten!

Der Zug setzt sich in Bewegung. Auf der Bug-Brücke beugen sich alle Reisenden aus dem Fenster und spucken in den Fluß. Ich spucke auch, tue so, als ob ich dazugehöre. Dann bleibt der Zug auf der anderen Seite unter einem großen hölzernen Tor mit Sowjetstern lange stehen. Die sowjetischen Beamten sammeln alle Pässe ein. Ich bin nun ein »unpapierener Mensch«, ein Nichts.

Schicksal nimm deinen Lauf. Mir ist etwas bange zumute, ich bin beunruhigt ob des bevorstehenden Unbekannten: eventuell Bürokratenkrieg oder Strafe – am besten wegdenken. Zugleich verspüre ich eine gewisse Neugier. Mir scheint, als ob ich neben mir stünde, von außen betrachte, was mit dem Objekt Friedrich geschehen würde.

In Brest müssen alle Reisenden auf der Warschauer Seite aussteigen und in einem großen Wartesaal auf ihre Dokumente warten, bevor sie auf die sowjetische Seite dürfen. Ich warte mit, zwei Stunden lang. Dabei betrachte ich interessiert das bunte Treiben der Menschen, die aus allen

Republiken des großen Landes zu kommen scheinen – schlitzäugige, schnauzbärtige, blonde und schwarzhaarige. Ich beruhige mich: Selbst wenn ich nun zurückgeschickt werde, so war ich doch wenigstens einige Stunden unter den vielen sowjetischen Völkern gewesen.

Dann kommt ein Beamter mit den Reisedokumenten. Alle stürzen auf ihn zu, um ihr Papierchen zu ergattern, wieder Mensch zu sein. Ich nicht. Ich nutze vielmehr noch ein bißchen meine Galgenfrist.

Da kommt ein zweiter Beamter mit weiteren Pässen. Die Menschentraube löst sich vom ersten, um nun ihn zu belagern, Ich sitze immer noch unbeteiligt an der Seite und betrachte aus der Ferne das hektische Treiben.

Als allerdings ein dritter kommt, erkenne ich in dem Stapel seiner Pässe den meinen mit der brauen Hülle. Jetzt reißt es auch mich vom Platz, ich stürze zu ihm, um aufgeregt zu erklären, daß der braune Paß dazwischen meiner sei. Er zieht ihn vor und gibt ihn mir. Ich schlage die bewußte Seite auf – traue meinen Augen nicht, als ich den frischen Stempel entdecke: Man hat mir ein Durchreisevisum gewährt!

Aus ist's mit der Ruhe. Ich bin ganz aus dem Häuschen, liegen doch plötzlich alle Möglichkeiten vor mir. Wenn nur nicht die Zeit und das Geld knapp wären. Was mache ich zuerst? Geld ist nötig. Am Geldschalter erhalte ich die übliche Antwort, wie in allen sozialistischen Ländern. Ich dürfe nur dreißig Mark tauschen. Das sind zehn Rubelchen. Aber ich bin viel zu aufgeregt, um das sachlich hinzunehmen: »Wo denken Sie hin. Ich brauche mehr. Ich will doch nach China!« rufe ich. »Na gut, wieviel haben Sie«, fragt der Mensch am Schalter zurück, »dann tausche ich eben unter der Hand von meinem privaten Geld zu selben Kurs.« So bin ich meine zweihundert Mark losgeworden und stolzer Besitzer von 66 Rubeln.

Was fange ich nun mit den 66 Rubeln an? Frage am Fahrkartenschalter: Was kostet ein Ticket nach Moskau? Die freundliche dicke Matrone antwortet mir etwas belustigt: »Nach Moskau ist schon alles ausverkauft. Fahren Sie doch nach Leningrad, dorthin sind noch Plätze frei, das kostet genausoviel, siebzehn Rubel.« Ihr Zureden hilft. So bin ich nach Leningrad gereist.

Wie weit das ist, wußte ich nicht. Leningrad liegt schließlich noch am Rande des großen Reiches, allzuweit kann's also nicht sein. Erst im Zug höre ich, auf welches zeitliche Abenteuer ich mich eingelassen habe. Es wird eine 24-Stunden-Fahrt.

Da bleiben von meinem Urlaub nur noch zwei Tage. Für die Rückreise kann mich nur noch ein Flugzeug retten. Das klärt sich dann ebenso grandios, wie die Frage der Verpflegung und der Unterkunft in Leningrad.

Neben mir am Zugfenster steht ein Reisender. Aus seiner Unterhaltung mit anderen höre ich heraus, daß er Hamburger ist. Mit mir unterhält er sich in Russisch. Ich spiele das Spielchen mit. Nach allgemeinem Geplänkel fragt er mich, woher ich denn käme? »Aus Jena.« Den Ort kenne er nicht, er wüßte nur von einem Ort ähnlichen Namens in der Zone. Er fragt weiter, was ich denn für ein Landsmann sei? »Ein Deutscher.« Nein, nein, nicht er, sondern er meine mich. »Ein Deutscher«, wiederhole ich. Er ist irritiert. So gut beherrscht er die russische Sprache eben doch noch nicht. Jetzt hat er die richtige Frage gefunden: »Welche Sprache sprechen Sie denn?« »Deutsch.« Irritiert winkt er ab. Probeweise geht er aber doch ins Deutsche über und fragt, ob ich auch Deutsch könne? »Aber natürlich, ich sagte doch, daß ich Deutscher sei.« Er lacht schallend. Warum ich ihn denn so lange auf die Schippe genommen hätte? »Na, im Deutschen hören Sie ja sofort an meinem Akzent, daß ich aus der »Zone« komme, dann wäre ich wahrscheinlich als Gesprächspartner weniger interessant gewesen denn als russischer.« Er gibt mir recht, und es wird noch ein angeregtes Gespräch, nachdem ich ihm meinen improvisierten Ausflug schilderte. »Hören Sie«, meint er dann, »ich lade Sie zum Abendessen ein. Empfehlen Sie mir etwas Typisches für diese Region. Wenn's mir schmeckt, zahle ich Ihnen das ganze Abendessen.« Ich hatte in Polen schon immer den Tomatensalat mit der sauren Sahne so gern gegessen. Der ist auch im Speisewagen im Angebot.

Ich empfehle ihn mit russischen Sprotten und dem üblichen Hähnchen. »Na, sehen Sie, nun ist Ihnen das Abendbrot gratis zugeflogen«, lacht der Hamburger wohlwollend, »mal sehen, wie sich das mit dem Quartier in Leningrad klären wird, Sie Glücksvogel!«

Das klärt sich schon im nächsten Moment.

Junge Leute vom Nachbartisch kommen herüber und fragen mich: »Bist du Deutscher? Wir lernen Deutsch an der Uni, und wir würden gern mit dir etwas Konversation üben. Wir sind 500 Kilometer weit in die Pilze gefahren und fahren jetzt zurück nach Leningrad. Komm zu uns und wohn' bei uns. Ich bin der Sascha.« Der Hamburger klopft sich vor Vergnügen auf die Schenkel. »Das klappt ja wie am Schnürchen! So wird gewiß auch die Rückreise noch funktionieren.«

Die ganze Nacht bin ich in Leningrad von Wohnung zu Wohnung weitergereicht worden. Sie spielten mir die neuesten Schlagerhits aus der DDR vor, die sie vom offiziell verpönten Auslandssender übernommen hatten. Früh fährt Sascha mit mir zum Flughafen, um mir beim Ticketkauf zu helfen. Es gibt nur noch eines nach Warschau. Das kostet 40 Rubel. Die kann ich gerade noch bezahlen, es bleiben drei Rubelchen übrig, die ich nun sinnlos verprassen kann.

Im Moment des Buchens ertönt eine geräuschvolle unverständliche Ansage durch alle Lautsprecher und bewirkte bei mehreren Reisenden sichtliche Bestürzung. »Sascha, was wurde da angesagt?« »Ach, das betrifft dich auch. Alle Maschinen nach Westen haben beim Abflug Verspätung, wegen des Sturms über Litauen.«

Meine polnische Fluggesellschaft LOT, deren Gast ich nun bereits war, kann detailliertere Ausführungen machen. Die Maschine verspäte sich um 72 Stunden. Ich rechne entsetzt nach: drei Tage Verspätung. Das ist das erste Mal, daß ich meinen Urlaub überziehe. Aber das ist schließlich höhere Gewalt. Ich verabschiede mich von Sascha. Die Fluggesellschaft sorgt nun für meine Übernachtung und Bewirtung. Zusammen mit einem Japaner bewohne ich ein elegantes Hotelzimmer. Gleich bei der Anreise bleiben wir im Fahrstuhl stecken. Der Japaner ruft englisch um Hilfe, ich russisch. Nach langer Wartezeit kommt Hilfe. Zentimeterweise kurbeln uns Handwerker bis zum befreienden Ausgang in der nächstgelegenen Etage. Das bleibt aber der einzige Schrecken. Ich erlebe die Wartezeit als zwei wunderschöne zusätzliche Urlaubstage. Von meinen noch verbliebenen drei Rubeln verprasse ich den ersten für eine Eintrittskarte in die Eremitage, den zweiten für eine Newafahrt nach dem Schloß Peterhof. Dabei lerne ich den

Iwan, Kommunist aus Wolgograd, lernte ich in Leningrad kennen

Kommunisten Iwan kennen, den ich später noch dreimal in Wolgograd besucht habe. Für den dritten Rubel kaufe ich mir eine Matrjoschka, bei der eine Puppe in der anderen steckt – mir Symbol für alle weiteren Reisen, bei denen jeweils eine Ausgangspunkt für die nächste wurde.

Dieser ersten Reise sollen viele folgen. Nun weiß ich, wie man die Papiere beantragen muß. Fünfmal habe ich die Mongolei besucht – immer nur mit Ausreisepapieren, fünfmal bin ich mit dem Abendzug nach Brest gefahren und erhielt jedes Mal das Transitvisum durch die Sowjetunion. Den Transit habe ich aber zeitlich und wegemäßig so weit überdehnt, daß ich damit bis in alle fünfzehn Sowjetrepubliken gekommen bin (damit habe ich unwissentlich den sowjetischen und Stasi-Behörden viele Arbeitsplätze verschafft, viel Kopfzerbrechen bereitet, an dessen Ende ein dreitausendseitiges Aktenmaterial stand).

Doch noch einmal zurück nach Leningrad: Am dritten Tag sollen wir endlich ausreisen. Wir sind fünf Fluggäste. Man verkürzt uns die Zeit des Wartens mit ständig neu aufgefahrenen Mahlzeiten. Die Eßkapazitäten der anderen sind längst erschöpft. Lachend schieben sie mir, dem Deutschen, dem Nemez, die besten Bissen zu: »Der Nemez kann noch!« Das ist dann zur stehenden Redewendung geworden.

In Warschau reicht mein polnisches Geld gerade noch für eine Fahrkarte nach Dresden. Von dort reise ich per Anhalter weiter. Dabei erfahre ich von den Ungarn-Urlaubern, die statt durch die CSSR den weiten Rückweg über die Ukraine machen mußten, welcher Art der »Sturm über Litauen« gewesen war. Er hatte in Böhmen stattgefunden. Es war der Einmarsch der Sowjets, der den Prager Frühling beendete.

(1968)

Du glaubst ja doch, Bruder!

Ich stehe in Tbilissi vor der »arbeitenden« russischen Kirche. Gern hätte ich sie mir auch von innen angeschaut. Doch die Gläubigen, die vor der Kirche das Unkraut jäten, betrachten mißbilligend meine nackten Beine. Mit kurzer Lederhose kann man keine Kirche betreten!

Ich ergaunere mir jedoch den Eintritt, indem ich ihnen schalkhaft erkläre, Lederhosen seien deutsche Nationaltracht, alle Deutschen liefen so herum. Einer der Umstehenden leistet mir Schützenhilfe. Er hat als Soldat in unserem Land, in der DDR, gedient; lachend bestätigt er mich. Mit ungläubigen, aber nicht unfreundlichen Blicken gewährt man mir schließlich ausnahmsweise den Zugang.

Aber vorher erkundigen sie sich noch nach meinem Glauben: ob ich etwa von rechts nach links oder von links nach rechts glaube? Tja, wie herum glaube ich denn nun? Ich mache ein ratloses Gesicht. Sie machen mir vor, was gemeint ist. Sie wollen wissen, auf welche Weise ich mich bekreuzige, welche Schulter ich zuerst berühre, die linke oder die rechte. Denn das ist Unterscheidungsmerkmal zwischen orthodoxem und benachbartem armenischen und katholischem Glauben. Meine Antwort, daß ich mich überhaupt nicht bekreuzige, enttäuscht sie: »Du glaubst also nicht!« »Doch, natürlich glaube ich, aber ohne Bekreuzigung!« »Nein, das ist eine Ausrede. Das gibt es gar nicht. Wer glaubt, der bekreuzigt sich auch!« Und gleich sind sie mit einer Fülle von Argumenten zur Stelle. So meint zum Beispiel einer, wenn ihm böse Gedanken kämen, bekreuzige er sich und vertreibe sie damit. Nein, mir steht so ein Wundermittel nicht zur Verfügung. Andere fragen, ob ich denn getauft worden sei. »Ja, natürlich!« Na, bitte, dann müsse ich mich doch auch bekreuzigen. In der russischen Sprache gibt es hier eine Art Wortspiel: die Vokabeln für »getauft sein« und »sich bekreuzigen« haben denselben Wortstamm. Aber wiederum muß ich sie mit einer vernei-

Gernot Friedrich in Trialetski Chrebet

Karikatur, gezeichnet von einem estnischen Maler, 1993

nenden Antwort enttäuschen. Sie sind letztlich durch keines meiner Argumente zu überzeugen. In ihren Augen bleibe ich ein Ungläubiger.

Trotzdem sind sie so großzügig, mir Einlaß in die Kirche zu gewähren. Und dann sind sie höchst verwundert darüber, daß ich, als sie mir die Ikonen in der Kirche erklären wollen, den Inhalt kenne. »Woher weißt du denn das, wo du doch ein Ungläubiger bist?« Schließlich bitte ich sie, ob ich in ihrer Kirche etwas singen dürfte. »Ja«, meinen sie zögernd, »ausnahmsweise.« Die Kirche sei aber kein Theater, es müsse schon ein religiöser Text sein! Ich entscheide mich für das »Agnus Dei« aus der Krönungsmesse von Mozart, weil ich hoffe, daß einige den lateinischen Text aus der Liturgie kennen: »Christe, du Lamm Gottes, der du trägst die Sünde der Welt, erbarme dich unser!«

Und nun passiert das Unvorhergesehene. Während meines Gesangs knien alle fünfzehn Anwesenden nieder und bekreuzigen sich einmal, zweimal, immer wieder. Und nach den verklungenen Tönen kommen sie, auf Zehenspitzen schleichend, ganz in sich versunken und andächtig zu mir: Alle geben mir den Bruderkuß auf die Stirn und reichen mir dann erleichtert und freudig die Hand.

»Ach, du glaubst ja doch, Bruder!«

(1971)

Drei Tage unterm Schreibtisch

Ich kam aus der Mongolei und hatte in zehn Tagen das Transitland UdSSR zu durcheilen. Bei dieser Gelegenheit wollte ich einen Abstecher nach Kasachstan machen.

Als ich aber auf dem Flughafen Nowosibirsk sibirischen Boden betrat, hatte ich sofort »freundlichen Service« zur Seite. Eine energische Dame hatte Order, den »Mr. Friedrich« in Empfang zu nehmen, ihn bis zum Weiterflug nach Moskau freundlich zu betreuen und nicht wieder aus den Augen zu lassen. Letzteres tat sie unvorsichtigerweise doch. Als sie von einem kurzen Toilettenbesuch zurückkam, war kein »Mr. Friedrich« mehr da. Der schlug sich in der Zwischenzeit zum Bahnhof durch, um dort als braver Sowjetbürger am Fahrkartenschalter anzustehen und eine Fahrkarte in Richtung Westen zu kaufen. Nach knapp zwei Tagen war ich dann tatsächlich unbehelligt bis Petropawlowsk gekommen, dem Umsteigebahnhof, wo es abging von der Transitstrecke nach Zelinograd. Auf diesem kleinen Bahnhof war die Warteschlange nicht so lang, so daß ich nach einem Stündchen bereits meine Fahrkarte hatte. Ich hatte genügend Zeit, um mich in den verbleibenden drei Stunden bis zur Abfahrt des Zuges noch ein wenig im Ort umzuschauen. Aber ich kam nur eine halbe Stunde weit. Da kreischten hinter mir plötzlich Motorradbremsen, Polizei sprang ab, und – siehe da – man hatte den ausgerissenen »Mr. Friedrich« endlich wieder eingefangen.

Diesmal geht es nicht so freundlich und höflich ab. Ich werde etwas unsanft in den Seitenwagen verfrachtet, meine Tasche nimmt der Wachtmeister lieber gleich in seine Obhut, und ab geht es aufs Revier. Ich starre in einer Wachstube die Wand an. Hinter einer Karzertür sitzt schon ein anderer Delinquent, man hört ihn, wie er gelegentlich mit den Fäusten gegen die Tür trommelt.

Der Zeitpunkt der Zugabfahrt rückt bedenklich näher. Endlich, nach angemessener Wartezeit, scheine ich mein Ausreiß-Vergehen genügend abgebüßt zu haben, und es kommt wieder Bewegung in die Wachstube. Ein Beamter erscheint. Er fragt mich umständlich und freundlich nach meinen Personalien und versichert, daß ich den richtigen Zug zugewiesen bekäme, der nach Moskau fährt. Er wird mich zum Bahnhof bringen. Meine Hoffnung ist dahin. Ich wollte doch in eine ganz andere Richtung.

Auf dem Bahnhof merke ich an der Anzeigetafel, daß der Zug nach Moskau zur selben Zeit abfährt wie mein gewünschter in die Gegenrichtung nach Zelinograd. Das ist die Linie Moskau – Karaganda. Beide Züge stehen auf demselben Bahnsteig. Es ist zum Verrücktwerden! Mein Begleiter bringt mich zur Zugtür. Unschlüssig stehe ich auf dem Bahnsteig. Er wundert sich, warum ich mit dem Einsteigen so zögere, ich solle mich beeilen. Hinter meinem Rücken aber steht »mein« Zug. Und mir fällt noch immer nichts ein. Nur eines weiß ich, mein Betreuer hat es versäumt, meine Fahrkarte zu kontrollieren. Die jedoch ist gültig für den Gegenzug.

Da – beim Abpfeifen der beiden Züge kommt mir im letzten Moment noch die Blitzidee: Ich frage meinen Begleiter schnell und aufgeregt: »Dies also ist der Zug Moskau – Karaganda? Nein, Karaganda – Moskau? Nein, der da drüben ist die Richtung Karaganda – Moskau?« Ich verwechsele die beiden Städtenamen noch mehrmals, so daß ich ihn ganz konfus gemacht habe. Er muß sich also umdrehen und den Schaffner fragen, der die Kelle schon gehoben hat. Da endlich ist der unbewachte Augenblick. Ich springe schnell in »meinen« Zug auf der Gegenseite, die Tür schlägt zu, und der Zug fährt ab.

Nachträglich wird mir erst mein Husarenstück bewußt. Ich fühle mich nicht ganz wohl in meiner Haut. Ob man auf der nächsten Station nach mir suchen wird? Ganz gewiß wird man aber in Karaganda auf mich warten.

Ich steige allerdings schon vorher aus. Spät nach Mitternacht habe ich mein Ziel erreicht. Ich mische mich unerkannt unter die große Menge schlafender Gäste im Wartesaal, verstecke mein Gesicht hinter meiner Jacke und verbringe so den Rest der Nacht.

Am Morgen verlasse ich das schützende Menschengewirr und begebe mich in die Stadt, um die Kuibischewer Straße zu suchen. Meine Unschlüssigkeit fällt einem jungen Mann auf, und er erbietet sich, mich mit seinem Wagen ans Ziel zu bringen. Ich erschrecke sehr. Ist man mir bereits auf der Spur? Ich wehre heftig ab, ich wolle zu Fuß gehen. Aber ich werde ihn nicht mehr los. Schließlich muß ich mich ergeben und steige in sein Auto ein.

Ich hatte falsch geargwöhnt. Es stellt sich bald heraus, sein Angebot war tatsächlich Hilfsbereitschaft. Er hatte in mir den Fremden erkannt und wollte helfen. Allerdings verrate ich nichts von meinem Ziel in der Kuibischewa. Auch ohne Nennung der Hausnummer kann mancher ahnen, wohin ich will. Denn allwöchentlich sehen die Bewohner dieses Stadtgebietes, daß sonntags viele Besucher in eine bestimmte Richtung strömen. Man wird also Bescheid wissen.

Ich habe noch die Adresse eines Gemeindemitglieds bei mir. Diesen Straßennamen gebe ich an. Er fährt mich dorthin und entläßt mich am Anfang der Straße. Er will keinerlei Bezahlung. Ich sei doch ein Fremder. Zwar bin ich ihm dankbar für seine Hilfsbereitschaft, aber gleichzeitig verunsichert es mich, daß man mir das Fremdsein offenbar doch ansieht.

Ich finde die angegebene Adresse schnell. Und ich treffe den Lehrer Hermann Jaraus auch tatsächlich an. Er hackt gerade Holz im Hof und nimmt mich freundlich auf, ist ganz beglückt darüber, einen aus »dem Reich« zu treffen und will mir natürlich weiterhelfen. Freilich kenne er Pfarrer Bachmann gut. Ich solle noch ein kräftiges Frühstück annehmen und dann wird er mich hinbringen, es sei in der Nähe. Hinbringen aber bedeutet, daß er mir genau den Weg erklärt und aufzeichnet, aber ich muß dann allein gehen, damit wir nicht zusammen gesehen werden. Er wird in der Parallelstraße mitgehen und mich aus der Ferne beobachten, ob ich an meinem Ziel auch wirklich ankomme.

Nun stehe ich vor dem Haus, das versteckt hinter einem hohen Lattenzaun liegt. Ich klingele. Ein Hund schlägt drinnen an. Die Pforte an dem hohen Hoftor wird geöffnet. Pfarrer Bachmann steht vor mir. Ich stelle mich vor. Sein Gesicht zeigt aber keine freudige Überraschung, so wie das bei Jaraus gewesen war, sondern eher Bestürzung.

»Schnell, kommen Sie herein, daß Sie erst einmal weg sind von der Straße!« Besorgt erkundigt er sich, wie ich hergefunden hätte und ob ich etwa einem Taxifahrer die Adresse genannt hätte.

Ich beruhige ihn und schildere den Hergang. So ganz sind aber seine Bedenken noch immer nicht verflogen, denn, so erklärt er mir, sie seien in der weiten Umgebung die einzige registrierte offizielle lutherische Kirche! Dieser Status dürfe nicht durch Unvorsichtigkeiten gefährdet werden. Ein unangemeldeter Ausländer aber wäre eine solche Unvorsichtigkeit. Am besten wäre es, ich verschwände in der Versenkung, sagt er mir in seinem Amtszimmer. Sobald draußen der Hund anschlägt, könnten unbekannte und unliebsame Gäste kommen, dann solle ich mich verstecken. Auf den Schreibtisch legt er eine Tischdecke, die man weit herunterziehen kann, so daß ein darunter hockender Mensch verborgen bleibt.

Dieser Ort ist meine Fluchtmöglichkeit für die nächsten drei Tage. Meine Tasche wird gleich als erstes darunter verstaut. Und dann kommt auch schon die Probe aufs Exempel. Es klingelt. Ich suche meinen Schutzraum auf. Pfarrer Bachmann öffnet draußen die Pforte. Ich höre, daß jemand einige Dinge mit ihm besprechen wolle. Ich kann unterm Schreibtisch die Unterhaltung nur ungenau mithören. Aber dann stockt mir vor Schreck der Atem, als ich die Frage des anderen Mannes höre: Wo denn der Gast sei, der da so früh gekommen und an seinem Haus vorbeigegangen wäre. Bachmann hebt die Tischdecke hoch und gibt mich preis – die beiden lachen. Es ist Jaraus. Er wolle sich nur erkundigen, ob ich gut gelandet sei, und er habe es mit sei-

Pfarrer Eugen Bachmann vor seinem Haus in Zelinograd, das zugleich Gemeindezentrum war

ner Frau abgesprochen – sie bieten mir die Übernachtung bei sich an, damit Bachmanns entlastet würden. Er würde am Abend kommen und mich abholen.

Nach dem Jaraus-Besuch komme ich erst dazu, meine Gastgeschenke auszupacken. Es ist geistliche Literatur. Deren heimliche Einfuhr in die UdSSR wurde fast so gefürchtet wie eine geschmuggelte Bombe. Ich habe eine ganze Tasche voller Bibeln mit, in deutscher und russischer Sprache, und Pfarrer Bachmann freut sich auch sehr darüber. Gleichzeitig fragt er ratlos: »Wem gebe ich die nun?

Alle hätten gerne eine. Diese wenigen sind nur ein Tropfen auf dem heißen Stein!« Aber die andere Gabe, die ich eigentlich nur als Zugabe so ganz nebenbei mit eingepackt hatte, war genau richtig. Es waren Postkarten mit einem Blumenmotiv und einem Bibelspruch in deutscher Sprache. Die Karten waren so dünn, so daß sich jeweils hundert Stück in einem kleinen Packen gut bündeln ließen. Ich hatte zehn Bündel zu insgesamt tausend Stück mit.

»Ach«, jubelte er, »das ist das richtige Geschenk! Die kann ich großzügig in den Gottesdiensten verteilen. Sie werden drei Gottesdienste weit reichen. Für die Leute aber werden sie eine kostbare Gabe sein, und sie werden sie sorgsam aufbewahren oder hinter den Spiegel stecken.«

Einige Zeitungen von »Glaube und Heimat« und die »Frohe Botschaft« sind auch in meiner Tasche. Die wolle er gern für sich selber haben und auch befreundeten Nachbarn leihen, dies könnte ihm einmal ein bißchen den Blick in die Weite der Christenheit öffnen, heraus aus seiner eingeschränkten Isolierung des Landes. Danach schließt er alle übrigen Schätze sorgsam weg und räumt auf, damit das Zimmer nichts von der Anwesenheit des Gastes verrät.

Den Tag verbringe ich bei Bachmanns im Haus und Garten, nach Einbruch der Dunkelheit holt mich Hermann Jaraus ab zur Übernachtung bei ihm. Den Rückweg bei Tageslicht muß ich dann wieder alleine finden.

Als sich am anderen Tag noch immer keinerlei Kontrollen bei Bachmanns gemeldet haben und mein Besuch hier offenbar unbemerkt geblieben ist, wirken beide Bachmanns erleichtert und gelöster und beginnen immer mehr, sich über den Gast zu freuen. Frau Bachmann trägt auf, was Küche und Keller nur hergeben. Und Pfarrer Bachmann nimmt sich trotz der Arbeit zur Vorbereitung der Predigt für den kommenden Sonntag noch reichlich Zeit für den Gast. Er will viel über deutsche kirchliche Verhältnisse wissen. Und er erzählt von seinem eigenen Schicksal, das ihm als Pfarrer unter dogmatischen kommunistischen Verhältnissen auferlegt war. Dazu gehörten mehrere Haftzeiten, Trennung der Familie, Denunzierungen, Boykottierung seiner Arbeit und Verbote, Zwangsverschickung und zuletzt Verbannung der Eheleute nach Zelinograd.

Aber auch da haben beide wieder angefangen, mit Gleichgesinnten zusammen die Bibel zu lesen, Andachten zu halten und eine kleine Gemeinde um sich zu scharen. Dann kam eine Zeit kleinerer Liberalisierungen, und sie erreichten es mit vielen Unterschriften, daß sie ihre Gemeinde offiziell registrieren lassen konnten. Seitdem dürfen sie sonntags zum Gottesdienst zusammenkommen.

Es habe sich bald im Land herumgesprochen, daß da ein Sammelpunkt der Deutschen sei, und die Menschen reisten aus großen Entfernungen zum Sonntagsgottesdienst an. Ich werde es ja morgen im Gottesdienst selbst miterleben, wie groß die Gemeinde inzwischen geworden sei. Aber da ich selbst kein offizieller Gast wäre, möge ich auch nicht sprechen in der Öffentlichkeit und kein Grußwort sagen, um die Existenz der Gemeinde nicht zu gefährden. Aber einen Choral als Gruß singen? Ja, das wäre möglich und sehr schön, Ich solle aber sonst nicht viel mehr als Ja und Nein sagen, man würde es am Zungenschlag sehr bald erkennen, daß ich aus dem »Reich« käme.

Am anderen Tag erlebe ich dann den Gottesdienst mit. Der Kirchsaal hinter der Pfarrwohnung füllt sich tatsächlich nicht nur bis zum letzten Platz, es müssen auch noch Notplätze improvisiert werden. Etwa dreihundert Gemeindemitglieder sind gekommen. Bachmann kennt sie fast alle. Und er kommentiert mir hinterher: Diese Leute da seien aus der Nähe im Umkreis von fünfzig Kilometern gekommen, die seien jeden Sonntag da. Die anderen aus größeren Entfernungen kämen etwa einmal monatlich, Leute aus Sibirien zum Beispiel, aus zwei- bis dreitausend Kilometern Entfernung, etwa halbjährlich. Und immer wieder, wie gerade heute auch, ereignen sich solche bewegenden Familienszenen, daß sich Menschen, deren Familienbande durch die Kriegswirren zerrissen waren, hier im Gottesdienst wiederentdecken. Sie liegen sich in den Armen und weinen und lachen vor Freude.

Der Gottesdienst muß sich entsprechend der enorm weiten Anreise der Menschen lohnen.

Er dauert von früh bis abends. Die Predigt allein ist schon etwa eine oder anderthalb Stunden lang. Und es ist eine gute Predigt, die Bachmann hält, ohne formelhafte Wiederholungen und ohne geistlichen Leerlauf. In einer Stunde kann man enorm viel sagen, und Bachmann muß sich in der Woche gründlich auf den Gottesdienst vorbereiten. Die Zuhörer folgen der Predigt konzentriert, nicken bekräftigend oder lassen gelegentlich ein »Ja« der Bestätigung vernehmen.

Es kommen im Gottesdienst auch noch andere Prediger und Kirchenälteste zu Wort, es werden Grußworte gesagt, es wird viel gesungen, möglichst mit allen zehn Strophen der Lieder, es wird viel und ausführlich gebetet, dabei viel geweint, aber während des mitgebrachten Imbisses auch viel gelacht und erzählt.

Zufrieden und beglückt gehen die Menschen am Abend auseinander. Die Auswärtigen sind bei Einheimischen untergekommen. Die Quartierfragen regeln die Gläubigen untereinander, das klappt ohne Zutun und organisatorische Hilfe des Pfarrers. Ich habe es ja selbst bei Familie Jaraus erlebt.

Am nächsten Tag verlasse ich Bachmanns wieder. Diesmal geht es nicht so ängstlich und zurückhaltend zu wie bei der Begrüßung, sondern herzlich, mit viel Umarmung und Bruderkuß. Die Begegnung über drei Tage hatte uns zusammengeführt, und über Jahrzehnte hat die Verbindung gehalten.

Aber an der Grenze in Brest werde ich mit dem Vorwurf empfangen: »Wo bleiben Sie denn so lange! Wir warten schon einige Tage auf Sie!« Doch auch diesmal erfahre ich wieder insgeheim Hilfe. Oft hatte man auch schon früher ein Auge zugedrückt. Der Zoll hatte beispielsweise meine geschmuggelten Bibeln entdeckt, aber dann so getan, als sehe er sie nicht. So ist es nun auch jetzt mit der Hilfe. Statt im Detail zu fragen, wo ich mich denn nun genau aufgehalten habe im Land, wird diese delikate Frage vom Beamten gleich selbst beantwortet, indem er ein bitterböses Gesicht schneidet und schimpft: »Wo also waren Sie? Also da ein bißchen spaziert und dort ein bißchen! Ja, war's so? Uch! Gehen Sie schon! Gehen Sie hier durch!« Und damit bin ich in Gnaden entlassen.

Zu Hause aber habe ich meine Sonderexkursion zu verschweigen.

(1970)

Ist meine Reise tatsächlich bis heute unentdeckt geblieben? Um für diese Aufzeichnung noch genauer recherchieren zu können, mußte ich in meinen Tagebüchern nachschlagen, die ich in den letzten vier Jahren nicht mehr zur Hand genommen hatte. Und da stelle ich plötzlich fest, daß sie in meiner Wohnung nicht mehr vorhanden sind! An der vorgesehenen Stelle gähnt mich ein Hohlraum an – Stasi, ick hör dir trapsen.

Für Pfarrer Bachmann hatte mein Besuch damals kein Nachspiel. Als er später im Ruhestand in Deutschland ein Buch mit seinen Lebenserinnerungen herausgab, hat er auch, freilich bewußt ohne Namensnennung, diese Begegnung erwähnt. Er schrieb, er habe in der Zelinograder Zeit ein einziges Mal einen deutschen Pfarrer zu Gast gehabt. Das geschah unter abenteuerlichen Umständen und habe ihm zunächst mehr Befürchtungen als Freude gebracht. Aber im Nachhinein sei er doch für den Besuch sehr dankbar gewesen, denn damit hätte er auch zum ersten Mal erfahren, daß man im Ausland von seiner Existenz wußte, und das habe ihn sehr ermutigt.

Er hat den Mut nötig gehabt für sein segensreiches Wirken in dieser wachsenden Gemeinde, die wiederum vielen anderen ermutigendes Beispiel wurde, sich tapfer an ihren Orten für ihren Glauben einzusetzen.

Hochbetagt ist Pfarrer Bachmann 1993 in Korntal bei Stuttgart verstorben.

Nelja

Schon früh stehe ich in der Schlange am Fahrkartenschalter auf dem Frunser Busbahnhof. Endlich bin ich an der Reihe und verlange erwartungsvoll eine Fahrkarte zum Issyk Kul, dem legendären kirgisischen See in den Bergen.

»Wohin wollen Sie denn?« – »Na, zum See.« – »Nein, ich meine in welche Stadt?« Ach, da gibt es sogar mehrere Städte. »Na, dann geben Sie mir eine Karte zur entferntesten.« – »Also gut, nach Prschewalsk. Und welche Route wollen Sie nehmen, links oder rechts um den See herum?« Ich hatte nicht erwartet, daß ich für den Kauf eines Tickets zu einem Bergwässerchen so viel Ortskenntnis brauchen würde: »Ich nehme die Strecke, die am schönsten ist.« Die Verkäuferin schüttelt über so viel Naivität den Kopf und gibt mir eine Karte für den Bus, der zuerst abfährt.

Ich habe den Idealplatz, rechts vorn, schaue gebannt aus dem Fenster, um den Seeblick nicht zu verpassen. Beiläufig frage ich meinen Nachbarn, wann wir am Ziel sein werden. »Nun, wir werden wohl am Abend ankommen.« Ich hatte mich wieder mal gründlich in Entfernung und Zeit geirrt. Ich habe also einen halben Tag Gelegenheit, die Weite der Landschaft, die steile Auffahrt in die Berge, die wilden Flüsse, die Ortschaften und die kirgisischen Reiter mit ihren weißen Filzhüten zu betrachten. Die andere Hälfte des Tages genieße ich das großartige Seepanorama. Der Issyk Kul ist auf der linken Seite eingerahmt von den Schneegipfeln des Tienschan, auf der rechten von den kahlen Geröllbergen der kirgisischen Höhe. Mit Einbruch der Dunkelheit löst sich die Straße vom Seeufer und führt hinein nach Prschewalsk. Ich bin am Ziel, will aber wieder ein Stück zurück. Ich bin so lange am Wasser entlanggefahren, nun möchte ich auch hautnah das warme Wasser des Sees spüren, der unter anderem von einigen warmen Quellen gespeist wird. So suche ich im Ort gleich den nächsten Stadtbus, der hinaus an den Strand fährt.

Nelja, die Schiedsfrau von Prschewalsk

Beim Suchen treffe ich Nelja. Sie will auch kurz zum Baden hinausfahren. Ehe wir angelangt sind, haben wir uns bereits hinreichend miteinander bekannt gemacht. Ich weiß über sie, sie ist Russin, kommt aus Riga, arbeitet hier in Prschewalsk und bewohnt ein eigenes Häuschen. Und für die Deutschen habe sie schon immer sehr viel übrig gehabt, gesteht sie mir. In ihrer Wohnung könne ich es sehen. Sie sei fast nur mit deutschen Importwaren eingerichtet. Und dann bittet sie mich inständig: »Gehen Sie nicht ins Hotel, wohnen Sie bei mir! Ich lade Sie herzlich ein.« Ich bin ihr schon fast verpflichtet, nachdem sie mich so freundlich geleitet und während meines Bades Wache bei meinem Gepäck gehalten hat. Also sage ich zu. Sie freut sich offensichtlich so über den unverhofften Gast, daß sie auf der Rückfahrt im Bus triumphierend meine nasse Badehose schlenkert oder sie sich zuweilen übermütig auf den Kopf setzt.

Ihr Häuschen ist einstöckig, weiß gestrichen, außen mit mehreren dicken Stützpfeilern versehen, so wie an den großen gotischen Kathedralen. Das größere Wohnzimmer ist dunkelblau gestrichen. In den Fenstern stehen hinter weißen Gardinen viele gepflegte rot blühende Geranien in Töpfen aus Konservenblech. An den Wänden hängen Bilder mit Rigaer Stadtansichten, mit Blumen, auch eines vom Issyk Kul ist darunter. In der Fensternische steht eines mit einer Christusdarstellung. An den Wänden stehen außerdem mehrere übereinandergestapelte Koffer. Ansonsten ist das Zimmer spartanisch eingerichtet: Tisch, Eisenbett und mehrere Stühle. Nun zeigt sie mir auch, wie deutsch sie eingerichtet ist: Aus einem Koffer holt sie das Teegeschirr aus Colditzer Porzellan. Im anderen Koffer bewahrt sie Wäsche auf, ebenfalls aus DDR-Produktion. Im nächsten sind Schreibutensilien, auch sie tragen deutsche Aufschriften.

Und dabei erzählt sie mit ihre Geschichte.

Nelja ist mit einem Cellisten verheiratet, einem Letten. Wegen ihm kam sie nach Riga. Aber seine dauerndeÜberei auf dem Cello ging ihr mit der Zeit auf die Nerven, außerdem hatten sie in Riga eine Untermieterin, die noch dazu Musikstudentin war. Und die sei sehr hübsch, fügt Nelja hinzu. Das betont sie so ausdrücklich, daß ich ahne, daß da wohl das eigentliche Problem liegt. Die hübsche

Studentin war es auch, die Nelja empfahl, sich ein bißchen bei ihrer Mutter in Kirgisien zu erholen.

Nelja war gleich losgefahren. Aber dann war die Mutter der Studentin erkrankt. Nelja pflegte die alte Frau bis zu ihrem Tod. Die leibliche Tochter hatte sich darum nicht gekümmert. Lediglich zur Beerdigung war sie dagewesen, aber ohne Interesse am Haus bald wieder abgereist.

Deshalb sei Nelja nun so etwas wie Hausverwalterin oder gar Hausbesitzerin geworden. Ihr Mann sei selbstverständlich nicht nachgekommen. Was sollte der auch mit seinem Cello hier unter dem Hirtenvolk. Soll er in seinem Europa bleiben, sagt sie. Um jedoch nicht allein zu bleiben, hatte Nelja dann ihre Mutter zur Gesellschaft geholt, die jedoch sehr bald danach ebenfalls gestorben ist. Und nun hat sie hier das Grab der Mutter zu pflegen: »Und wo das Grab der Mutter ist, da ist auch die Heimat!«

So ist Nelja in Asien geblieben, hat eine gute Arbeit gefunden. Sie ist so etwas ähnliches wie eine Friedensrichterin. Da kommt sie mit vielen Menschen in Kontakt und hat die wichtige Aufgabe, Versöhnung zu stiften. Sie wirft dabei einen Blick auf das Jesusbild in der Wohnzimmernische – sie betrachte es oft, es helfe ihr bei problematischen Fällen. Nur wenn ungebetene Gäste kommen, müsse sie es schnell herumdrehen.

Nelja hat sich hier am Issyk Kul eingelebt, kennt viele Menschen und steht bei ihnen hoch im Ansehen. Aber es seien doch einfache Leute, eben ein Hirtenvolk. Darum freue sie sich besonders, daß jemand aus Europa da wäre, mit dem sie sich wieder einmal richtig unterhalten könne. Und sie bittet mich, doch einige Tage bei ihr zu bleiben.

Während sie in der Küche Tee zubereitet, schaue ich mich noch ein wenig in der Wohnung um. Mich verwundert, daß sie so spartanisch eingerichtet ist, obwohl sie doch offenbar nicht schlecht verdient. Da geht plötzlich so ein eigenartiges Knacken durch die Wände, schwer zu lokalisieren, woher es kommt. Ich bin erschrocken: »Nelja, was war denn das eben für ein Geräusch?« »Ach, gar nichts«, tönt es aus der Küche. Da ist es schon wieder. Die ganze

Wand scheint in sich zu knacken, zu erarbeiten, als ob sie sich verschieben wollte. Mir fährt das unerklärliche Geräusch bis ins Mark: »Nelja, ist das nicht deutlich genug zu hören? Was ist das?« rufe ich. »Ja doch, ich höre es und kenne das. Es ist wirklich rein gar nichts.« Das klingt irgendwie beschwichtigend und macht mich mißtrauisch. Wieso soll das rein gar nichts sein? Da ist es wieder, zum dritten Mal. Nun ächzt auch noch der dicke Balken in der Mitte der Decke. Es ist so deutlich zu hören und entsteht so eigenartig in sich selbst, daß ich erschrocken aufspringe. Da kommt Nelja schon mit dem fertigen Tee auf dem Tablett herein und lacht: »Ach, sei beruhigt. Das ist nur ein ganz kleines Erdbeben. Mein Haus aber steht fest genug. Ich habe draußen ja extra die Stützpfeiler angebaut. Und außerdem sitzt du ja sicher unterm Deckenbalken. Der wird gewiß als letztes herunterkommen.« Das beruhigt mich ungemein, und der Tee will mir gar nicht so recht schmecken. Ich sitze sehr locker auf dem Stuhl, bereit, beim nächsten Knacken aufzuspringen. Das nächste Knacken bleibt jedoch aus. Nun begreife ich, warum Nelja all ihr Hab und Gut in Koffern verstaut hat. Sie muß mit der Gefahr leben.

Am nächsten Tag fahren wir zum Flugplatz, um die Rückreisemöglichkeit zu klären, damit ich weiß, wieviele Tage ich bleiben kann. Natürlich kennt Nelja die Dame am Schalter. Es gibt lange, geheime Verhandlungen, in deren Ergebnis sie für mich einen Flugschein auf ihren Namen kauft. Damit haben die Behörden gar nicht erfahren, daß ich als Ausländer auf verbotenem Gebiet gewesen bin. Sie freut sich, daß diese Hürde genommen ist. Und dann kommt wieder einer ihrer spontanen Einfälle: »Du hattest doch gesagt, du kannst singen. Wenn du mir hier in der Flughafenhalle etwas vorschmetterst, daß es alle Leute hören können, schenke ich dir etwas Schönes, woran du noch lange denkst.« Ich mache ihr die Freude und schmettere. Nelja weidet sich an der Bewunderung der anderen für sie, daß sie einen singenden Gast hat, der aus dem fernen Europa ist wie sie auch. Sie bedankt sich überschweng-

Fahrt nach Prschewalsk am Issyk Kul (oben). Dicke Stützpfeiler an den Häusern sollen vor Erdbeben schützen (unten)

lich bei mir. Ich bekomme einen Kuß und die Zusage: »Und jetzt schenke ich dir eine Ausfahrt in die Berge!«

Vor der Halle heuert sie einen Taxifahrer an. Aber der wehrt ab. Ins Erholungsgebiet in den Bergen fahre er nicht, das sei zu weit. »Aber Aljoscha, kennst du mich denn nicht? Ich bin doch die Nelja. Für mich mußt du das tun!« – »Ach Nelja, jetzt erkenne ich dich. Aber natürlich fahre ich euch. Kommt, steigt ein!«

Es wird eine wunderschöne Reise in die bewaldeten Berge, zu einem reißenden Fluß und den steilen Bergnasen, den »sieben roten Ochsen«. Auch für Aljoscha wird die Fahrt wie eine Urlaubstour. Wir rasten öfter, wandern gemeinsam und singen viel. Da er sehr für den italienischen Gesang schwärmt, läßt er sich von mir überreden, für jede Arie noch ein Stückchen weiter in die Berge hineinzufahren.

Durch Nelja erfahre ich immer wieder, was in dem großen Land Beziehungen bedeuten: »Hundert Feunde sind mehr wert als hundert Rubel.« Ich bin noch einige Tage bei ihr geblieben. Wir führten viele gute Gespräche, wenn es dabei um Glaubensfragen ging, holte sie das Jesusbild aus der Fensternische, stellte es auf den Tisch und betrachtete es lange.

Je näher mein Abreisetermin rückt, desto wortkarger und trauriger wird Nelja: »Jetzt wirst du bald wieder abreisen, und ich werde weinen und dann oft an dich denken, mein schwarzbärtiger Engel.«

Vor der Verabschiedung in der Flugplatzhalle gibt sie mir noch letzte Regieanweisungen, wie der Abschied zu geschehen habe: »Dann steh nicht so herum mit hängenden Armen, wie ihr kalten Deutschen das meist macht, sondern umarme mich und gib mir drei Küsse: einen auf die rechte Wange, einen auf die linke und einen auf den Mund. Denn bedenke, viele Leute kennen mich. Und wenn du beim Abschied nur so steif herumstehst, werden sie denken, was ist mit Nelja? Sie hat doch einen Gast gehabt, hat sie sich mit ihm gezankt, daß er so kühl davongeht? Aber wenn du das so tust, wie ich es dir erklärt habe, dann werden es alle in Ordnung finden und sich dann auch von dir verabschieden.«

In der Tat, so war es. Nelja bekam ihre drei Küsse, ich von ihr ebenfalls und von den vielen anderen Umstehenden, die sie natürlich kannte – manchen wurde ich noch schnell vorgestellt – wurde ich ebenfalls auf diese Art verabschiedet.

Als ich dann in das kleine Flugzeug stieg, stand sie neben der Maschine und winkte. Dank ihrer Beziehungen war sie natürlich mit durch die Sperre gekommen. Wir waren nur zehn Fluggäste, die Nelja natürlich auch kannte. Sie machten mir extra am linken Fenster Platz, daß auch Nelja mich noch einmal sehen konnte, und sie kommentierten den Abschied: »Ach schau, jetzt winkt sie«, und sie winkten alle mit. »Ach schau, jetzt weint sie«, und sie zückten ihre Taschentücher und weinten mit.

(1970)

Das Wasser des Lebens

Jesus antwortete und sprach zu ihr: Wer von diesem Wasser trinkt, den wird wieder dürsten; aber wer von dem Wasser trinken wird, das ich ihm gebe, den wird ewiglich nicht dürsten; sondern das Wasser, das ich ihm geben werde, das wird in ihm ein Brunnen des Wassers werden, das in das ewige Leben quillt. (Johannes 4, 13.14)

Mitunter können Worte der Bibel durchaus zur Einsicht führen.

Ich war im heißen Mittelasien – zu einer Zeit, als es dort noch wenig Tourismus gab. In manchen Gegenden schien die Zeit sogar noch ein bißchen stehengeblieben zu sein.

Ich fahre früh mit dem klapprigen Linienbus von Buchara nach Samarkand. Es ist ein weiter Weg, der durch die Wüste führt. Schon am Morgen scheint die Sonne gleißend hell. Die Mitreisenden prophezeien einen ungewöhnlich heißen Tag. Ich habe mich also auf ein langes und ausgiebiges Schwitzbad einzurichten.

Die anderen Fahrgäste dösen meist vor sich hin. Nur ab und an greift einer nach der Wasserflasche. Auch meine Nachbarin tut es und bietet mir einen labenden Schluck an. Sie hat einen Korb auf dem Schoß, ein Huhn schaut mit dem Kopf heraus. Es hat den Schnabel geöffnet, und sie sagt zu ihm mitleidig: »Trinken möcht's.«

Plötzlich eine unvorhergesehene Unterbrechung in der Eintönigkeit der Landschaft. Alle Mitreisenden sind erwacht und sehen die Bescherung. Die Brücke über dem ausgetrockneten Fluß ist eingebrochen.

Wie nun weiter? Der Fahrer berät sich mit den Fahrgästen, und alle sind der Meinung, solange am steilen Ufer entlangzufahren, bis sich eine niedrige Furt findet. Nach einem Stündchen haben wir eine gefunden. Und wieder sind alle der Meinung, nicht wieder die ganze Stunde auf der anderen Flußseite zurückzufahren, sondern schräg ins Gelände hinein, um den Weg abzukürzen und Zeit zu sparen. Die Straße werde ja dann bald auftauchen. Aber diese Hoffnung trog. Nach mehreren Stunden irren wir immer noch durch die weglose Wüste. Einzige Orientierung ist die Sonne, die vor flimmernder Hitze und Staub aber manchmal kaum zu erkennen ist. Hinter uns her zieht eine gewaltige Staubwolke, die uns bei zu langsamer Fahrt einholt, so daß wir schnell die Fenster schließen müssen und uns noch mehr wie in einer Backröhre vorkommen. Einige Male heult der Motor auf, und wir bleiben im Sand stecken. Aber der Fahrer beherrscht sein Fach, er schimpft, hantiert am Motor herum, klopft da und dort und bringt uns immer wieder in Fahrt. Fahren ist wichtig, der Fahrwind bringt etwas Kühlung und damit Hoffnung.

Am Horizont taucht ein Staubwölkchen auf. Wir fahren darauf zu. Es ist ein Eselreiter. Wir fragen ihn nach dem Weg. Aber der Alte hat ganz andere Interessen. Seine Pfeife ist ihm ausgegangen, nun kann er endlich jemanden um Feuer bitten. Doch von den Passagieren erfährt er wenig Hilfsbereitschaft. Sie hängen erschöpft in ihren Sitzen, jeder Handgriff ist zuviel. Auch der Busfahrer gibt ihm kein Feuer. Da wird der Alte böse, droht mit dem Stock, schlägt auf Bus und Esel ein, ist nicht bereit, eine gescheite Auskunft zu geben. Etwas später taucht ein anderer Eselreiter auf. Der macht mit großen Armbewegungen deutlich, wie sehr wir in die Irre gefahren sind. Von den hinteren Sitzplätzen kommen schon wieder Zurufe: »Bitte nicht so lange stehenbleiben, sonst wird's wieder unerträglich heiß!« Und ich ergänze in Gedanken den Satz: » ... und mein Durst wird immer quälender.

Das Gelände ist bergig. Der Bus neigt sich manchmal so sehr zu einer Seite hin, daß alle aus Angst, er würde umkippen, auf die andere drängen. Aber Hauptsache ist, er fährt. Die Hoffnung jedoch, noch je an ein Ziel zu kommen, ist fast so erstorben wie die Lebensgeister. Nur zwei Wünsche sind bei mir noch wach: Wenn es doch bald Nacht würde, daß die Hitze aufhöre – und wenn ich doch etwas zum Trinken hätte. Natürlich sind bei allen die mitgebrachten Trinkvorräte längst aufgebraucht.

Und dann plötzlich entdecken von der Höhe unseres Hügels aus mehrere Passagiere etwas hinter uns unten im Tal. Wild gestikulierend zeigen sie alle auf die Stelle. Nun sehe ich es auch – es ist ein kleines grünes Fleckchen, ein Wasserloch.

Ungeachtet der Mühe, die der Bus hatte, den Bergrücken zu erklimmen, fährt der Fahrer wieder hinunter zum Wassertümpel. Beim Aussteigen gibt es fast eine Panik. Jeder will der erste am Wasser sein. Endlich trinke auch ich, und das Gefühl, das ich dabei verspürte, bleibt mir unvergeßlich: Ich habe noch nie so etwas Belebendes, Köstliches getrunken, wie dieses schmutzige, brühwarme Wasser. Es war mir wie Lebenswasser.

Jesus hat gesagt, daß er es sei, der Wasser des Lebens zu bieten habe. Bei meinem Wüstenerlebnis habe ich begriffen, daß Wasser die Grundlage allen Lebens ist. Genau das wollte Jesus mit seinem hohen Anspruch sagen, daß er nicht nur eine fromme Soße anbiete, eine nette Zutat zur Verschönerung bei festlichen Gelegenheiten.

Die Kostbarkeit des Wassers aber begriffen wir Reisenden damals auch noch, als wir spät am Abend durch einen Lichtschein eine Oase fanden, von wo aus eine richtige Straße weiterführte. In der Oase machten wir Rast. Die Kinder des Ortes nutzten den günstigen Augenblick. Sie kamen mit Töpfen und Krügen gelaufen, um frisches Wasser zu verkaufen. Einen Becher voll für umgerechnet drei Mark. Und wir kauften begierig, der Preis war uns egal, allein das Wasser war wichtig.

An heißen Sommertagen drehe ich heute manchmal viel bewußter den Wasserhahn auf, erinnere mich an damals und weiß wieder, daß dieser selbstverständliche Handgriff mir etwas Kostbares und Lebenswichtiges beschert.

In vielen russischen Klöstern sind die Wasserbrunnen mit dem Kreuz oder dem Christus-Monogramm geschmückt und werden damit gleichzeitig als Hinweis verstanden auf jenes Wort Jesu mit dem enormen Anspruch, der eigentliche Lebensquell zu sein.

(1969)

Wo der Ob einen Linksknick macht

Ein befreundeter katholischer Pfarrer hatte mich damals bekniet, ich solle ihn doch bei einer meiner nächsten Reisen in die Sowjetunion mitnehmen. Er habe noch keine Reiseerfahrungen in jenem großen Land. Aber er wolle unbedingt auf eine nördliche Insel im Ob, wo noch zwanzig deutsche Familien in der Verbannung lebten. Eine Sowjetdeutsche hatte vor einiger Zeit dort die Ausreise erhalten und in seine entfernte Verwandtschaft eingeheiratet. Sie erzählte immer von ihrer Insel im Fluß, da, wo der Ob einen Linksknick mache. Was ist das für eine vage Beschreibung! Weder der Name der Insel noch der nächstgrößere Ort Samaria, den sie Hauptstadt nannte, waren im Atlas zu finden. Die einzige konkrete Ortsangabe war der Ob, möglichst nördlich. Wäre das nicht ein reizvolles Unternehmen, diese Insel zu finden?

Mit solchen diffusen geographischen Angaben sind wir also 1972 gemeinsam losgereist – und wahrhaftig ans Ziel gekommen. In der Bahn in Sibirien konnten uns bereits Einheimische ein Stückchen weiterhelfen: »Natürlich, den Ort Samaria gibt es. Der heißt heute Chanty-Mansisk und geht mit Schiff oder Flugzeug zu bereisen.«

Es war abenteuerlich. Zunächst fuhren wir mit der Bahn auf der »Transsib«. Beim Umsteigen und Anstehen nach der nächsten Fahrkarte am Schalter von Omsk kämpfte ich mit hundert anderen Reisenden drei Stunden lang um die bereitstehenden zwanzig Fahrkarten. Ich hatte zwar Erfolg, aber einen hohen Preis zahlen müssen. Ich hatte mir beim Gedränge eine Rippe gebrochen.

Im nächsten Umsteigebahnhof Tjumen erfuhren wir zu unserer Freude, daß unlängst eine neue Bahnlinie nach dem nördlicheren Tobolsk gebaut worden war. Dort angekommen, waren wir jedoch am Ende unserer Möglichkeiten und wollten schon aufgeben. Nachdem wir die ganze Nacht hindurch am Hafen des Irtysch angestanden hatten, erfuhren wir am nächsten Morgen, daß das Schiff zu unserem nördlichen Ziel so spät fahre und so lange brauchen würde, daß unsere Urlaubszeit nicht ausreichen würde. Es gab also nur noch die Rückflugmöglichkeit. Als wir auf dem kleinen Flugfeld standen, tat sich doch noch eine unerwartete Wende auf: Wir trafen den Postflieger, der nach Chanty-Mansisk fliegen wollte. Wir drückten ihm eine Geldsumme in die Hand und durften durch die wacklige, verbogene Tür in die kleine Maschine einsteigen, mußten uns fest anschnallen und waren seine Fluggäste. Ab ging es in den hohen Norden. War das mein erster Flug-Tramp?

Der Ob war bald erreicht. Nur aus der Luft ist der grandiose Fluß überschaubar. Er ist viele Kilometer breit, Parallel zu ihm verlaufen mehrere Seitenarme, von denen jeder noch breiter ist, als die Donau in Ungarn. Seitlich schließen sich Seen und Sümpfe an, unendlich weit, nicht mehr übersehbar. Das Zusammenhängende ist in diesem Gebiet nicht das Land, sondern das Wasser. Nur dort, wo sich die Landschaft zu kleinen Hügeln erhebt und so vor

Ortschaft am Ob – auf der Fahrt nach Lugowskoje

Überschwemmungen sicher ist, ist überhaupt menschliche Ansiedlung möglich. Chanty-Mansisk ist ein solcher Hügel, Hauptstadt der nördlichen Stämme der Chanten und Mansen, erbaut aus kleinen Holzhäuschen, die nach jeder Frost- und Tauperiode nach dem Trocknen des Schlammbodens wieder senkrecht gerückt werden müssen.

Auf dem Flugplatz bekommen wir von den Einheimischen die nächste Information über unser Dorf Lugowskoje: »In welches Lugowskoje wollt ihr denn«, fragen sie uns, »in das weiter hinten im Land oder in das mit dem Flugplatz oder in das auf der Insel, wo der Ob den Linksknick macht?«

»Na, in das letztere«, bestätigen wir erfreut. »Dann könnt ihr von hier aus mit der Tramwaj hinfahren.« Auf unser ungläubiges Staunen erklärt man uns lachend: »So nennen wir den Bus, der auf dem Ob fährt, wenn der Fluß in der langen Winterzeit zugefroren ist. Wenn der Eisgang vorbei ist und der Fluß wieder schiffbar wird, nennen wir das Schiff eben auch so.«

Deutsche Familie aus dem Ort Lugowskoje mit Horst und seinen beiden Töchtern

Die »Tramwaj« brauchte bis zur Insel drei Stunden. Je näher wir unserem Ziel kamen, um so bedenklicher wurde uns unser Vorhaben. Bislang hat uns keiner als Ausländer erkannt. Man nannte uns höchstens »Spezialisten«. Auf dem kleinen Schiff, wo man schnell in Gespräche verwickelt wird, dürfen wir uns nicht verplappern. Noch weniger soll aber auf der Insel von unserem Ausländerdasein bekannt werden, weil wir die für unseren Aufenthalt notwendigen Genehmigungen nicht besitzen. Und wir wollen uns und unsere Gastgeber nicht gefährden. Aber das Glück ist uns hold. Wir kommen unbehelligt an.

Im Ort spricht uns ein am Gartenzaun stehender Einheimischer an, wen wir denn suchen. Wir können einen Namen nennen. »Ach, schade, der ist schon lange ausgereist«, antwortet er, sofort in die deutsche Sprache übergehend. Wir wußten das bereits, denn dieser Name war unsere Testadresse. Als wir einen weiteren Namen nennen, erklärt er freudig: »Na, das bin ich doch selber! Kommt herein, setzt euch nieder und bleibt bei uns!« Und so sind wir tatsächlich an der richtigen Stelle gelandet und bei ihm und seiner Familie drei Tage geblieben.

Seine Frau bewirtet uns großzügig. Es gibt Fisch in allen Varianten, gekocht, gebraten, gebacken, mal gehackt, mal geschnitten, mal filetiert, mal kalt, mal warm, mal heiß. Am dritten Tag hätten wir außer den vorzüglichen Fischesorten auch mal gern eine Marmeladenstulle gegessen. Freilich es gibt wunderbare Fischsorten. Sie sind der Reichtum des Flusses. Wenn das Eis taut und die Fische aus dem nördlichen Eismeer zurück in die Ob ziehen, sind die Schwärme so groß und dicht, daß die Menschen nur aus dem Wasser zu schöpfen brauchen und die reiche Ausbeute ihnen sogar Sortenauswahl gewährt. Der Dauerfrostboden bietet zudem eine natürliche Lagermöglichkeit für das ganze Jahr. Nur so können sie überhaupt hier leben. Denn Fisch ist im hohen Norden zwar ein enormer aber auch fast der einzige Reichtum. Auf der Insel gibt es nur noch Weißkraut, das in den Sommermonaten mit den hellen Polarnächten sehr schnell heranwächst. Außerdem gibt es Zwiebeln;

Kartoffeln gedeihen bei günstigem Wasserstand des Ob, und es wächst Gras, so daß sich jede Familie eine Kuh halten kann. Damit erschöpft sich die Nahrungsfülle. Im Magazin kann man noch Konserven dazukaufen. Die Hausfrau macht das Beste draus.

Zur Familie unseres Gastgebers gehört noch der Sohn Horst mit seiner deutschen Frau und den beiden kleinen blonden Töchterchen. Horst ist Hobbyfotograf. Er hat sich eine Dunkelkammer eingerichtet und zeigt uns ganz wundervolle Bilder voller Romantik und in einer Vielfalt, wie wir sie auf der kleinen Insel gar nicht vermutet hätten. Außerdem hat er in der Hauptstadt ein Motorrad erstanden, es auf der »Tramwaj« herübertransportiert und sich hier einen Beiwagen dazugebastelt. Damit fährt er als Sonntagsvergnügen mit seiner Familie auf der rund zwei Kilometer langen Straße ums Dorf, immerzu im Kreis. Mittlerweile ist die Straße gut befestigt – dank der vielen Steine, die die Inselbewohner immer mitbrachten, wenn sie etwas in der Hauptstadt zu erledigen hatten. Der übrige Untergrund ist nämlich gar nicht fest. Das Sägewerk auf der Insel hat die angeflößten Holzstämme zu bearbeiten, die angefallenen Sägespäne haben seit Jahren geholfen, die Insel ein wenig zu vergrößern. Der steinerne Straßendamm um die Insel herum hält den lockeren Grund zusammen.

Der Nachbar unserer Gastgeber ist auch ein Deutscher. Er hat einen Sohn, etwa so alt wie Horst, aber noch unverheiratet. Es gibt keine ledigen deutschen Mädchen mehr auf der Insel. Und er will warten, bis eines der beiden Töchterchen von Horst für ihn herangewachsen ist.

Ein anderer Deutscher, der Pawel – er ist der Betriebsleiter des Sägewerkes –, hat nicht gewartet und ein russisches Mädchen geheiratet. Aber damit hat er sich die Chance für einen Ausreiseantrag erschwert oder gar ganz verbaut. Nun bereut er es. Die Frage der Ausreise wird im wichtiger als sein Familienglück.

Die Ausreisefrage bewegt übrigens alle Familien. Sie warten alle auf die Genehmigung ihrer Papiere. In den alten

Zeiten war das in schikanöser Weise gehandhabt worden. Es wurden zwar tatsächlich manche Genehmigungen erteilt, aber nur einzelnen Gliedern der Familien – der gebrechlichen Großmutter oder nur einem Kind, nur dem einen Ehegatten oder den Ehegatten, aber ohne ihre Kinder. So wurde die Sache für die Antragsteller jedesmal sinnlos, und sie ließen sich erneut für teueres Geld die Papiere aushändigen. Ihr hart verdientes Geld investierten sie immer wieder aufs Neue in ihre einzige Hoffnung, die Insel bald verlassen zu können, auf die sie vor Jahren zwangsangesiedelt worden waren. An einen anderen Ort in der UdSSR wollten sie nicht mehr ziehen, weil sie auf der Warteliste der Ausreisewilligen wieder ganz von unten hätten anfangen müssen. Nun warten sie schon seit 26 Jahren.

Die Deutschen auf der Insel lebten einst im Gebiet der Waldkarpaten. Die Männer kämpften im Krieg an der Front, die Frauen und Kinder waren in den mitteldeutschen Raum geflüchtet. Da teilte man ihnen mit, sie dürften wieder zurück in ihre Heimat. Natürlich kehrten sie mit Begeisterung zurück – in ein inzwischen sowjetisch gewordenes Gebiet. Als auch die Männer nach Hause gekommen waren und ihr Dorf wieder vollständig wurde, da passierte die Nacht- und Nebel-Aktion. Sie wurden als deutsche Kriegsverbrecher verhaftet, die gegen die Sowjetunion gekämpft hätten. Und man verbannte sie auf jene nördliche Insel. Dort lebten sie unter schlechtesten Bedingungen, mit Zwangsarbeit im Sägewerk bei geringer Bezahlung und mangelhafter Versorgung, ohne medizinische Betreuung, in schlechten Wohnverhältnissen und ohne Schulbildung. Allwöchentlich aber mußten sie sich bei der Polizei auf der Nachbarinsel melden, ob sie noch vollzählig seien. Man hatte sie ständig genötigt, die sowjetische Staatsbürgerschaft anzunehmen. Es würde ihnen dann besser gehen. Lange haben sie sich widersetzt. Als sie endlich unterschrieben hatten und zu Sowjetbürgern gemacht worden waren, änderte sich tatsächlich ihre Lage. Sie wurden den anderen Sowjets auf der Insel gleichgestellt, bekamen neue oder ausgebesserte Häuser, normale

Vernachlässigte Gräber der Deutschen in Lugowskoje – ein Symbol der Heimat- und Hoffnungslosigkeit

bis gute Bezahlung und anderes. Aber genau da bemerkten sie ihren Fehler. Gerade zu jener Zeit war ausgehandelt worden, daß die Deutschen ausreisen durften. Zu spät für sie, sie waren keine Deutschen mehr. Seitdem stellen sie Jahr für Jahr ihre Anträge auf Ausreise.

Seit 26 Jahren leben sie auf der Insel, ohne Kontakt, ohne Außenwelt, ohne Glaubensleben. Als wir sie fragen, ob sie sich freuen würden, wenn sie einmal einen Pfarrer sprechen könnten, wehren sie ganz erschrocken ab: »Nein, der kann nicht kommen. Wir haben keine Kuh für ihn übrig, womit er sich ernähren kann.« »Nein«, erklären wir, »nicht für immer, sondern nur mal zu Besuch.« Verständnislos fragen sie, wie jemand zu Besuch kommen könne. Es habe sie doch 26 Jahre lang niemand besucht. Nun triumphieren wir: »Aber wir sind doch jetzt zu Besuch. Und wir sind Pfarrer.« »Nein, nein«, wehren sie ab, »wir sind katholisch!« »Ja, einer ist katholisch!« »Nein, wir wollten sagen, wir sind evangelisch.« »Freilich, der andere ist evangelisch.« Da drücken sie sich ganz nachdenklich um die Antwort. »Ach, was sollen wir damit. Ja, früher, da waren wir gläubig, aber nun wissen wir gar nicht mehr, wie man das macht. Unser Glaube ist ganz eingefroren und eingetrocknet. Das einzige, was wir noch machen, ist, daß wir unsere Kinder nottaufen. Früher haben wir geglaubt, da sind wir fleißig zur Kirche gegangen ...« Und dann erinnern sie sich noch einiger Kirchenbräuche aus früheren Zeiten. Die Jüngeren hören es mit Staunen. Ihr Schlußsatz ist: »Ach nein, wir können das Glauben nicht mehr.«

Als sie uns – auf unser Bitten hin – zum Friedhof führen, wir wußten aus anderen Gemeinden in der UdSSR, daß der Friedhof immer ein Schmuckstück ist und ihnen ein Stück innere Heimat bedeutet, finden wir nur eine vernächlässigte Stätte vor, mit Unkraut überwuchert. Die Glasscheiben vor den Fotos der Verstorbenen auf den Holzkreuzen sind zerbrochen. Ein selbstgemachter Dauerkranz aus blumenartig aufgeschnittenen Plasteverschlüssen der Weinflaschen zeugt davon, daß man sich um keine weitere Pflege und keinen anderen frischen Schmuck bemüht hat. Dieser Friedhof ist das Symbol ihrer Heimat- und Hoffnungslosigkeit.

Dieser »Gemeinde« wäre – im Gegensatz zu anderen sehr lebendigen Gemeinden in der Sowjetunion – die Ausreise zu gönnen, um ihrem vertrockneten Glauben wieder zum Leben zu verhelfen und Nahrung zu geben außerhalb der Isolation. Wir waren bei ihnen sehr herzlich aufgenommen worden. Sie erzählten uns von ihrem Leben, ihren menschlichen Problemen, ihren Freuden und Alltagssorgen, aber nichts von ihrem Glauben, gingen nicht auf unsere Gesprächsangebote ein. Sie waren zu entwöhnt davon. Wir reisten ab ohne Befürchtung, daß man unseren Besuch registrieren und weitermelden könnte. Besuch zu haben, galt als so absurd, daß sie ihn überhaupt nicht begriffen haben.

Erst später, wir waren längst wieder zu Hause, schrieben sie einen begeisterten Brief. Sie hätten erst lange hinterher gemerkt, daß wir sie ja besucht hätten. Sie bedankten sich. In einem zweiten Brief – noch überschwenglicher – hieß es, sie seien ganz beglückt über unseren Besuch. Überall würden sie nun davon sprechen. Es zeige ihnen, man wüßte in der weiten Welt von ihrer Existenz. In einem dritten kam noch einmal der Dank für den Besuch. Jetzt wüßten sie erst, aus welcher Entfernung wir zu ihnen gekommen waren. Und gleichzeitig beklagten sie es, warum sie damals mit uns nicht mehr über Glaubensdinge geredet hätten. Das wäre doch so wichtig.

Dann brach alle Verbindung jäh ab. Erst ein Jahr später erfuhren wir den Grund dafür. Wir waren zu Gast bei deutschen Gemeindemitgliedern in der Nähe von Taschkent im heißen Mittelasien. Da erzählten uns unsere Gastgeber beiläufig, sie hätten Glaubensgeschwister im hohen Norden. Die hätten ihnen geschrieben, zwei Pfarrer wären dagewesen. Daraufhin haben sie ihnen aber abgeraten, weiter zu antworten. Wie konnten denn zwei Pfarrer dorthin gelangen, wo doch noch niemand zu Gast war? Das können nur Spione gewesen sein! Es gab großes Erstaunen auf beiden Seiten, als wir uns als jene zwei »Spione« zu erkennen gaben. Nun konnte das Mißverständnis geklärt werden.

(1972)

Das Bibelexamen

»Wenn du wieder einmal in unserem Land bist und nach Pskow kommst, dann nimm eine russische Bibel mit für Margarita Feodorowna. Sie wohnt im Zentrum, am kleinen Park, gleich hinter der arbeitenden russischen Kirche.« So hatte mir der Traugott empfohlen.

Nun war es endlich soweit. Ich kam auf der Durchreise nach Pskow, und die russische Bibel, auf Schleichwegen besorgt, hatte ich unbemerkt durch den sowjetischen Zoll gebracht. Die Adresse war schnell gefunden. Auf mein Klingeln öffnet eine kleine Frau in den mittleren Jahren.

»Sind Sie Frau Margarita Feodorowna?« »Ja bitte, Sie wünschen?«

»Ich habe Ihnen eine Bibel mitgebracht.« Das war mein ersehnter Moment der Überraschung. Ich nahm an, sie wird gleich freudige Begeisterung zeigen. Aber nein, ich ernte nur erschrockene Ablehnung. »Eine Bibel? Was soll

Die Prokowskaja in Pskow

ich damit! Ich habe nichts mit dem Glauben zu tun. Wer hat Ihnen gesagt, daß ich eine Bibel bekommen soll?« Ich war froh, neben der Adresse auch diesen Hinweis vermerkt zu haben – der Traugott Quiering aus Dushanbe war es gewesen. »Den kenne ich nicht. Aber kommen Sie erst einmal herein, daß Sie von der Straße weg sind. Nur, ich habe gar nichts zum Essen für Sie da. Ich bin nicht auf einen Gast eingerichtet.«

Und damit räumt sie den Kühlschrank aus und baut vor mir auf: ein paar Tomaten, ein paar Radieschen, Salzgurken, ein bißchen Speck, einige Zwiebeln mit dem grünen Lauch, sie kocht Eier, sie wärmt Würstchen, sie brüht Tee, sie schneidet Brot; sie baut einen Berg von »nur ein paar Kleinigkeiten« vor mir auf, daß ich zwei Stunden lang daran zu essen, ja zu stopfen habe.

Dabei entspinnt sich natürlich ein Gespräch.

Sie will von mir wissen, wie das Wetter in Deutschland sei, was dort das Rindfleisch und die Damenunterwäsche kosten – ich bleibe ihr einen Teil der Antwort schuldig –, ich hingegen will wissen, ob ich nicht die Bibel dalassen könnte. Schließlich sei sie ein kostbares Gut. Ich weiß, daß sie im Lande unter der Hand mit ein bis drei Monatsgehältern gehandelt wird. Die Antwort darauf bleibt sie mir schuldig. Nein, sie selbst habe keinerlei Zugang zu den Glaubensdingen, und sie kenne auch sonst niemanden, der eine Bibel gebrauchen könnte. »Na, gibt es denn nicht drüben in der arbeitenden Kirche Gläubige, die etwas damit anfangen könnten? Ich werde doch das kostbare Schmuggelgut nicht wieder mit zurück über die Grenze nehmen.« »Welche Kirche? Ach die drüben. Die arbeitet doch nicht. Bei uns in der Stadt gibt es keine arbeitenden Kirchen und Gläubigen. Was, Sie sind Pfarrer? Ist denn das in Ihrem Land erlaubt? Und Bibeln – gibt es die so einfach bei Ihnen zu kaufen?« Auf einmal will sie wissen, »nur so interessehalber«, was denn alles in einer Bibel stünde.

Ach, wie kann ich einer dem Glauben Fernstehenden das mit wenigen Worten erklären? Da will sie wissen, wie die ersten und letzten Worte der Bibel lauten. »Na, die heißen ›Am Anfang‹ und ›Amen‹.« Aber ob ihr mit so einer Antwort schon eine ausreichende Auskunft zum Inhalt gegeben ist? Dann kommt ihre nächste Frage: »Wie geht der 23. Psalm?« Ganz verblüfft frage ich zurück, wie sie als Nichtgläubige solch eine gezielte Auskunft erfragen könne, von solchen Bibelstellen wissen doch nur Eingeweihte. »Ja, meine Großmutter hat diesen Psalm immer aufgesagt. Also, bitte sagen Sie mir einmal diesen Psalm.«

Wie geht das aber in der russischen Sprache. Das erste Wort – Gospodin, der Herr – weiß ich noch. Aber dann stocke ich schon. Was heißt Hirte? Sie hilft mir weiter: »Pastuch.« Nun bin ich beschämt, ich bin ja selbst Pastuch – Pastor, da hätte ich auch von allein drauf kommen können. Aber schon erreiche ich die nächste Hürde. Was heißt nun – mir wird nicht mangeln? »Können Sie es nun oder nicht?« »Ja, aber nicht in der russischen Sprache.« »Gut, dann sagen Sie mir den 8. Psalm auf.« Der lautet: Herr unser Herrscher, wie herrlich ist dein Name in allen Landen. Das sind schon wieder eine Menge Spezialvokabeln. »Den hat Ihre Großmutter wohl auch aufgesagt«, argwöhne ich. Und zur Bestätigung, daß ich es diesmal kann, sage ich es ihr lieber erst einmal auf deutsch. Aber allmählich fühle ich mich unbehaglich. Denn ich ahne – da kommt eine Bibelkundeprüfung auf mich zu. »Was steht bei Matthäus 11, 28?« Dieses Einladungswort Jesu kann ich ihr sagen. Aber im gleichen Atemzug frage ich sie: »Wenn Sie solche speziellen Bibelstellen angeben, können Sie doch niemandem einreden, vom Inhalt der Bibel noch nichts gehört zu haben? Oder geht das alles aufs Konto der Großmutter?« Sie aber läßt sich nicht beirren, fragt weiter, fragt und fragt mich aus, was die Taufe bedeute, wie die Seligpreisungen Jesu lauten, wie die zehn Gebote heißen.

Anfangs war sie mir als kleines, unscheinbares Persönchen erschienen, ich aber war der große Onkel mit den Geschenken. Jetzt haben wir die Rollen getauscht. Ich gerate in ein scharfes Examen hinein und werde immer kleiner und mickriger, dauernd in Angst, ob ich die Prüfung, zudem noch in einer fremden Sprache, zu ihrer

Zufriedenheit bestehe. Sie aber blüht auf, steht groß vor mir da, unerbittlich fragend und mit einer reichen Kenntnis der Bibel und des geistlichen Glaubensgutes. Über eine Stunde lang examiniert sie mich schon.

Aber dann nagele ich sie fest: »Sagen Sie, mit dieser speziellen Bibelkenntnis geben Sie ja selbst zu, daß Sie enorm Bescheid wissen, keineswegs zu den Ungläubigen gehören und die Bibel doch gut gebrauchen könnten!« »Na, dann lassen Sie sie schon da«, gibt sie ganz ärgerlich zu, »vielleicht finde ich jemanden drüben in der Kirche, der sie will.« Ein bißchen später gesteht sie: »Oder besser, ich behalte sie selber, dann muß ich mir nicht immer eine beim Pfarrer ausleihen.«

»Beim Pfarrer? Wo gibt es hier einen Pfarrer?« »Na, drüben in der Kirche.« »Ich denke, diese Kirche arbeitet nicht.« »Wieso denn nicht?« fragt sie. »Freilich arbeitet sie. Ich muß es doch wissen, ich singe selbst im Chor mit.« Wer aber im Chor mitsingt, gehört im Lande zur Kerngemeinde. Endlich hat sie es eingestanden.

Danach wird sie ganz leutselig und freundlich und bittet vielmals um Verzeihung, daß sie mir so auf den Zahn habe fühlen müssen. Aber woher solle sie denn wissen, ob ich wirklich ein Pfarrer sei und nicht vielleicht ein Spion? Das mußte sie erst selbst herausfinden.

Nun erklärt sie mir: Ich sei Ausländer, reise unbehelligt wieder zurück. Aber sie müsse im Land bleiben und damit klarkommen. Ihr stecke noch aus den alten stalinistischen Zeiten die Angst in den Knochen. Da war die Begegnung mit einem Ausländer fast so viel wie ein Verbrechen. Da sei zum Beispiel ihre Bekannte nur aus dem Grund verhaftet worden, weil sie sieben Sprachen beherrschte. Das war schon verdächtig genug, daß sie darum jemand denunzierte und sie büßen mußte. Diese Zeiten seien zwar glücklicherweise vorbei. Man dürfe jetzt schon manches. Aber Ausländern gegenüber sei man immer noch zurückhaltend. Und die Begegnung mit ihnen wird vom Staat nach wie vor nicht gern gesehen. Man sei zudem vorsichtig, denn die Ausländer kennen die sowjetischen Verhältnisse nicht und machen in Unkenntnis manche Fehler, die den Einheimischen Nachteile einbringen. »Sie glauben gar nicht, wie ich mich zum Beispiel vor Ihrem Fotoapparat fürchte. Möglicherweise erscheint in Ihrer Zeitung noch ein Bild von mir, und was habe ich dann zu erdulden, wenn das rauskommt? Oder was ist, wenn Ihnen die Polizei unterwegs im Lande den Film wegnimmt, und ich mit drauf bin? Und außerdem: Nehmen Sie den Fotoapparat von der Schulter und verstecken Sie ihn im Beutel, damit draußen nicht jeder erkennen kann, daß die Margarita Feodorowna einen Ausländer zu Besuch gehabt hat und denkt: Was werden die wohl für geheime Sachen ausgeheckt haben!«

Das war die allgemeine Angst im Lande. Die Russen sind sehr gastfreundlich. Aber das wurde zu sozialistischen Zeiten immer blockiert gegenüber ausländischen Touristen. Die kamen darum auch recht selten mit der Bevölkerung in Kontakt.

Das ängstliche Abtaxieren war kein Einzelfall. Ich hatte es öfter erlebt. Auch in Riga, als ich den lutherischen Bischof Harald Kalnis, der damals noch Oberpfarrer war, besuchen wollte und nur seine Mutter antraf. Bevor sie mir den Beutel mit den Bibeln abnahm, lud sie mich zu Tisch und forderte mich auf: »Sprechen Sie das Tischgebet!« In behutsamer Weise hatte sie mir im Gespräch auch erst einmal auf den Zahn gefühlt. Konnte sie meinen Gruß vom Gustav-Adolf-Werk aus Leipzig wirklich glauben? Sie schien sich bis zuletzt über die Echtheit meiner Person nicht ganz sicher gewesen zu sein. Mein äußerer Habitus war ihr zu befremdlich. Später hat sie bei einem Besuch des damaligen Leiters des Gustav-Adolf-Werkes, Probst Schröder, nachgefragt, ob der Mann, der da zwar mit Bibeln und einem Gruß von ihm, aber sonst ohne Schlips und Kragen kam, nur in Sandalen und ohne Strümpfe und ohne Gepäck – ob der wirklich ein Pfarrer war?

Margarita Feodorowna schien eine befriedigende Antwort gefunden zu haben. Sie umarmte mich und bedankte sich überschwenglich für die Bibel: »Sie ermessen gewiß gar nicht richtig, welch kostbares Geschenk Sie mir da gebracht haben. Ich werde nicht nur allein darin lesen, sondern es werden auch andere aus der Gemeinde zu mir kommen, und wir werden gemeinsam lesen und darüber reden. Wie schade, daß ich rein gar nichts für Sie zum Essen hatte, nur so ein bissel für zwei Stündchen.«

(1973)

Heute sind für die Menschen die Zeiten total anders geworden. Das Auftischen für zwei Stunden Gastfreundschaft bereitet ihnen wesentlich mehr Mühe. Aber ihr Hunger nach geistlicher Nahrung kann befriedigt, und auch die tief in ihnen sitzende Angst kann langsam abgebaut werden. Ich merke es heute an ihren übervollen Kirchen, wie sie dieses Angebot nutzen.

Die Legende von den Gehörnten

Ich mag die Stadt Irkutsk beim Baikalsee. Dort stehen noch die alten sibirischen Holzhäuser mit den schönen Fensterrahmen. An jedem Haus sind sie anders geschnitzt oder gedrechselt. Dahinter oft üppig blühende Geranien, in Ermangelung von Keramiktöpfen einfach in Konservendosen gepflanzt und mit einer verzierenden Papiermanschette umkleidet. Die Stadt hat viel mehr Gesichter als die anderen langweiligen großen Städte mit sozialistischer »moderner« Großblockbauweise, wo es am Stadtrand nicht viel anderes aussieht als im Zentrum.

Hier in Irkutsk habe ich jedesmal Station gemacht, wenn ich bei meinen Mongoleireisen umsteigen mußte.

Dieses Mal bin ich wieder mit meinem katholischen Reisepartner unterwegs. Er möchte gern katholische Deutsche aufsuchen, deren Adressen man ihm zu Hause gegeben hatte. Doch wieder kommen wir zu spät. Nachdem wir endlich das Haus gefunden hatten, öffnen uns Russen und erklären: »Die Deutschen, die hier gewohnt haben, sind vor zwei Monaten nach Karl-Marx-Stadt übergesiedelt. Geht dort hinüber zu Katja. Die ist Russin, hat aber Kontakt zu Deutschen und kann euch andere Adressen geben.«

Bei »Katja« erscheint ein steinaltes Weiblein. Sie öffnet die Tür nur einen winzigen Spalt und schaut uns mißtrauisch an. Norbert, mein Begleiter, ist diesmal unser Wortführer. Aber offenbar hatte er sich unter Katja einen anderen Gesprächspartner vorgestellt, er fragt zu direkt und darum ungeschickt: »Wohnen hier Deutsche?« Er erntet nur eine abweisende Antwort: »Lassen Sie mich in Ruhe, ich kenne keine Deutschen.« Damit wurde der winzige Türspalt wieder geschlossen.

Ich kannte zwar im Vorort auch noch eine Familie. Aber sie wollte ich nicht wieder aufsuchen. Die Leute waren zu

Auf der Bank vorm Haus trifft man sich mit den Nachbarn

ängstlich, ihnen würde ein Ausländerbesuch mehr Sorge als Freude bereiten. Ich war wenige Jahre zuvor bei ihnen gewesen, um ihnen eine deutsche Bibel zu bringen. Ich war mit einem Taxi hingefahren. Damals wußte ich noch nicht, daß das ein Fehler war. Der Taxifahrer hatte mich als Ausländer erkannt und nach der Fahrt bei der Polizei denunziert. Im Haus der Deutschen wurde ich ganz freundlich aufgenommen, es war nur die Frau zu Hause, der Mann würde später von der Arbeit kommen. Sie bewirtete mich überschwenglich und fragte sehr viel nach deutschen Verhältnissen. Man merkte, sie freute sich über den Besuch. Nach der Mahlzeit empfahl sie mir, mich ein Stündchen auszuruhen, nach der Nachtfahrt mit dem Zug würde mir das gewiß guttun. Ich genoß das Schläfchen. Doch dann wurde ich jäh aus dem Schlaf gerissen. Ein Milizionär erschien in der Tür, hieß mich aufstehen und draußen in sein Auto zu steigen. Sie aber stand ängstlich dabei und beteuerte: »Was will dieser schlafende Mann in meiner Wohnung? Ich kenne ihn nicht. Wenn mein Mann heimkommt, wird er mich schimpfen, daß ich hier einen fremden Mann im Hause habe. Also verlassen Sie meine

Wohnung!« Zunächst war ich über ihr verändertes Verhalten erschrocken, doch dann begriff ich ihr Theaterspiel. In einem unbeobachteten Moment habe ich noch die ihr zugedachte Bibel unter die Tischdecke gelegt und mich dann wie ein begossener Pudel entfernt. Der Milizionär befahl mich im barschen Ton ins Auto neben sich und ließ mich im Zentrum der Stadt vor dem großen Interhotel wieder laufen. Für mich Ausländer war die Sache damit glimpflich ausgegangen – ob auch für die Einheimischen?

Nein, diese Leute wollte ich nicht nochmals ängstigen. Aber ich konnte noch mit einer weiteren Adresse dienen, von einem kleinen russischen Mädchen.

Als ich mich im vorigen Jahr in Irkutsk aufhielt, hatte ich wieder die orthodoxe Kirche – die große im Zentrum am Boulevard – besucht, da zupfte mich auf einmal von hinten ein Mädchen am Hemd und flüsterte: »Du, ich kenne dich. Du bist ein ausländischer Pope. Meine Mama weiß auch, aus welchem Land du kommst. Du bist voriges Jahr in unserer Kirche gewesen. Kommst du nächstes Jahr wieder? Dann bringe mir doch so einen mehrfarbigen Kugelschreiber mit. Außerdem weiß ich, daß die jungen Pioniere bei euch blaue Halstücher tragen. Bei uns sind sie rot. Ich möchte gern ein blaues.« Sie hätte gewiß noch mehr Wünsche geäußert, wenn nicht die Mutter dazwischengefahren wäre: »Tanja, du bist wohl nicht gescheit! Du darfst doch nicht betteln!« Und zu mir gewandt: »Verzeihen Sie bitte, Hochwürden!« Aber es war schon zu spät. Tanja hatte mir bereits ihre Adresse zugesteckt, und wir beide hatten unser Komplott geschlossen.

So habe ich in diesem Jahr einen mehrfarbigen Kugelschreiber und ein blaues Halstuch dabei – für Tanja.

Wir sind wieder in dieser Kirche. Hier können wir fragen, in welchen Stadtteil wir fahren müssen.

Nun sind wir zwar im richtigen Bus, der uns zu Tanja bringen soll, aber wir kommen nicht so weit. Eine ältere Frau, die uns gegenüber sitzt, verfolgt interessiert unsere deutsche Unterhaltung. Es sieht so aus, als ob sie uns verstünde. Sie zuckte schon einige Male mit den Mundwinkeln, um zum Mitreden anzusetzen. Dann kurz vor der Haltestelle lächelt sie uns an und bemerkt auf deutsch: »Oh, es seins zwei aus'm Reich. Mr härts on dr Sproch.« Und sie erklärt uns noch, nachdem wir lachend geantwortet hatten, sie müsse jetzt aussteigen, weil sie sich mit anderen Deutschen in einer Wohnung zum gemeimsamen Üben einiger Choräle treffen wolle. Die Choräle wolle man auf dem Friedhof singen. Dort werde eine Deutsche bestattet, und »mr muß sie doch deitsch unter die Erde bringe«. Das ist natürlich für uns eine große Gelegenheit, den verloren gegangenen Faden wieder aufzunehmen. Spontan steigen wir zusammen mit ihr aus und bitten sie, ob sie uns nicht mit zum Friedhof nehmen könnte. Wir möchten gern in Kontakt mit Deutschen kommen, Katja hatte uns ja abblitzen lassen. Nein, auf den Friedhof mitzugehen, möchte sie uns nicht raten. Das sei dort viel zu öffentlich. Da werden am Ende gar die Staatlichen erkennen, daß wir Ausländer sind. Das könnte uns und den Einheimischen Schwierigkeiten bringen. Aber wir sollten doch mit in die Wohnung kommen, wo sie üben wollten. Da würden wir unsere gewünschten Kontakte finden, und die Katja – sie kennt sie freilich auch – würde staunen, daß wir schließlich doch noch zum Ziel gefunden hätten.

Und so geschieht es. Wir sind noch nicht lange in der Wohnung, da hatte sich die Kunde von unserer Anwesenheit schon im Wohnviertel herumgesprochen. Als ob die Häuserwände Ohren hätten. Nach zwanzig Minuten kommt der Nachbar: »Man härets, es seins zwei aus dem Reich zu Gost. Es wäre uns a große Ehre, wenn's auch uns zu Gost aufwarten könnten. Mei Fraa hat scho angericht.« Mit diesen altertümlich klingenden Worten werden wir ganz herzlich zum Essen eingeladen. Danach werden wir fast im Zwei-Stunden-Takt von Familie zu Familie weitergereicht. Alle freuen sich unbändig, einmal zwei Leute leibhaftig aus dem »gelobten Land« vor sich zu haben, in das sie auch alle möchten. Die meisten sitzen schon auf gepackten Koffern, warten auf die Ausreisepapiere. Für uns ist es fast erschütternd zu sehen, wie sehr sie sich in naiver Vorfreude wiegen auf das glückliche Land, in das sie bald kommen wollen, und sie bestürmen uns: »Nun erzählt, wie schön ist es bei euch?« Wir bemühen uns, ihre Illusionen ein bißchen zu dämpfen. Aber damit kommen wir bei ihnen schlecht an. Für kritische Bemerkungen haben sie kein Gehör. Sie schwenken dann sofort auf andere Themen über oder wir laufen Gefahr, daß sie sich ganz verschließen und das Gespräch abbrechen. Es ist tragisch. Man kann sie nicht vorher warnen; sie müssen erst selbst ihre Erfahrungen machen nach der Übersiedlung. Und dann ist es zu spät. Wenn die schon Ausgereisten ihnen schreiben, »jetzt erst merken wir, wie anders es hier ist und wie schwer ein Neuanfang ist, ihr tätet besser, zu Hause zu bleiben«, dann reagieren sie empört: »Merkt ihr, jetzt geht es denen im Reich schon so gut, daß sie uns vor lauter Wohlstand abgeschrieben haben und gar nicht mehr bei sich wollen.«

Erst wenn sie selber an Ort und Stelle sind, machen sie die Erfahrungen von der wirtschaftlichen und menschlichen Umstellung. Die wirtschaftliche – auch nur bei der Übersiedlung in DDR-Verhältnisse – war trotzdem gewaltig. Selbst wenn sie zunächst ohne Arbeitsplatz nur von der

Typisch sibirisches Holzhaus in Irkutsk

sozialen Unterstützung leben mußten, schien ihnen das schon ein höherer Lebensstandard als in Sibirien. Aber solche Umstellung verkraftet man schnell. In zwei Monaten vergessen sie schon, wie sie früher gelebt hatten. Jedoch die menschliche, die totale Werteveränderung haben die Älteren bis heute nicht verkraftet. In der sibirischen Heimat waren sie immer die angesehenen Deutschen gewesen und galten viel. Zudem lebten sie in einer Gesellschaft, die entstanden war aus den Verbannten des vorigen Jahrhunderts. Die Menschen waren damals – unter ihnen gab es viele Wissenschaftler, Künstler, viele Adlige – wegen hoher menschlicher Ideale und humanistischer Ziele in die Verbannung geraten. Die Ehepartner sind ihnen oft freiwillig gefolgt. Manche von diesen Idealen haben sie an die nachfolgenden Generationen weitergegeben, so daß man bis in die Gegenwart hinein etwas davon merkt. Bei vielen Sibiriern kann man Kameradschaft, Hilfsbereitschaft und innere Vornehmheit finden. Mir hatten Menschen im hohen Norden öfter von ihren wenigen Proviantschnitten eine aufgenötigt, ihre Getränke mit mir geteilt, mir bei meinen Reisen weitergeholfen oder mich begleitet, mich zuletzt umarmt, sich bedankt für die »Kumpanei«. War das nicht große Herzensbildung? Mir schien zudem, je rauher das Klima, um so wärmer die Herzen. In diese Gesellschaft waren die Deutschen eingebettet.

Als sie nach ihrer Vertreibung aus der Wolgaheimat dorthin verbannt worden waren, versuchte die offizielle Propaganda, sie bei der Bevölkerung zu verunglimpfen, um Kontakte zu verhindern. Es hieß, die Deutschen wären Faschisten, Feinde, außerdem hätten sie Hörner. Die Russen sind oft recht leichtgläubig, und gerade diese alberne Rede von den Hörnern der Deutschen hat sich hartnäckig im Lande gehalten, eigentlich bis in die Gegenwart. Ich habe sie an manchen Orten gehört. Da die deutschen Männer fast alle Kopfbedeckungen tragen und die Frauen Kopftücher, konnte der Unsinn auch nicht entkräftet werden.

Die Deutschen haben aber in Sibirien trotzdem Zugang zu den Herzen der Ortsansässigen gefunden. Es entwickelten sich viele Beziehungen untereinander: Abends sitzt man zum Beispiel gemütlich vorm Holzhäuschen und singt oder man trifft sich vorm Neubaublock – die Holzbank ist erhalten geblieben –, um sich mit den Nachbarn zu unterhalten, zu scherzen, auch um die Kinder der Nachbarn zu hüten oder Kochrezepte auszutauschen. Es kam auch vor, daß sich nach langem Zieren eine Russin getraute, die Deutsche zu bitten, ob sie einmal auf ihr Kopftuch fassen dürfe, um dann mit Verwunderung festzustellen, daß man darunter eigentlich gar nichts von den Hörnern fühle. Dann gab es ein befreiendes Gelächter, die deutsche Frau wurde aufgeklärt über das Hörner-Geflüster. Und sie wurde in die Wohnung zum russischen Tee mit Werenje, den dick eingekochten süßen Früchten, eingeladen.

Die Deutschen fühlten sich damals eigentlich wohl unter den Russen in Irkutsk. Und nun sind sie hier über die deutsche Mentalität schockiert und jammern: »Jeder verschließt sich hinter seiner Wohnungstür, und zu keinem finden wir Zugang.« So hocken sie zusammen, lernen die deutsche Sprache nicht, aber kramen sibirische Erinnerungen aus und klagen: »Wir kommen aus dem kalten Sibirien und landen im noch viel kälteren Deutschland. Wir wollten immer zurück in die Heimat. Ob am Ende Sibirien unsere Heimat war?« Auch in der neuen Kirchengemeinde in Deutschland kommen ihnen schwerlich heimatliche Gefühle auf. Da ist alles so anders, Die Gottesdienste sind kurz und anonym, die Lieder sind ihnen ganz fremd. Die Deutschen singen auch mit viel weniger Gefühl, viel zu schnell, keiner weint beim Gebet, meint er es denn ernst genug? Und vor allem – die Frauen kommen hier ohne Kopftuch in die Kirche. Das ist schockierend, zumindest aber verwirrend. Zu Hause in Irkutsk wurde streng darauf geachtet, und Jüngere, die nicht wenigstens eine Schleife oder ein Band im Haar trugen, wurden von den Älteren aus der Kirche komplimentiert. Im 1. Korintherbrief (11,5) gibt es dafür eine Stelle, an die sie sich getreulich gehalten haben. Den Katholischen fällt noch ein weiteres Argument ein: »Gibt es je ein Marienbild ohne Schleier, Band oder andere Kopfbedeckung?« Aber in Deutschland? Wie lasch sind die Sitten geworden.

Von all diesen Erzählungen wollen die Zurückgebliebenen jedoch kein einziges Wörtchen wissen. Nur fort aus Sibirien!

Schließlich muß ich doch noch leise in mich hineingrinsen über diese Tragikomik jenes Walters mit seinem Töchterchen auf dem Arm. Er klagt mir: »Da will ich nun nach Deutschland und kann doch selber die Sprache nicht, kann sie auch meinem Mädchen nicht beibringen. Aber wenn sie dort in Karl-Marx-Stadt aufwächst, wird sie das reine gute Deutsch lernen.« Ahnungslose Unkenntnis, die nichts von Dialekten weiß. Schließlich erklärt er uns, daß für ihn die Frage der Ausreise schon entschieden war, als das Töchterchen geboren wurde. Und darum wollte er dem Mädchen unbedingt einen deutschen Namen geben. Aus der Verwandtschaft kam zwar der Vorschlag »Katja«, aber er hatte protestiert: »Nein, sie muß einen modernen deutschen Namen haben, damit sie die Kinder in Deutschland nicht wegen ihres russischen Namens auslachen.« Und wie nannte er sie ganz modern? Ottilie! Das war vor zweihundert Jahren, als die Deutschen auswanderten, wirklich sehr modern.

Am späten Abend, nachdem wir mit mehreren Abendmahlzeiten gemästet worden waren, brechen wir von den freundlichen Gastgebern auf. Wir wollten nicht auch noch bei den Deutschen übernachten, um sie nicht in Schwierigkeiten zu bringen. Uns war ja bereits beim Kommen deutlich geworden, wie wenig unbemerkt unser Besuch geblieben war.

Ich hatte im Jahr zuvor einen Maler kennengelernt und seine großzügige Einladung noch im Ohr. Dort wollten wir spätabends unerkannt untertauchen.

Bei Anbruch der Dunkelheit stehen wir endlich vorm gesuchten Haus. Herzklopfen, Türklopfen. Es öffnet ein Mann an der Nebentür: »Ja bitte?« »Wir möchten gern zu Sascha.« »Der ist nicht zu Hause, er ist zur Jagd in der Taiga.

In drei Tagen etwa wird er wiederkommen.« Er sieht uns wahrscheinlich unsere Enttäuschung an und fragt: »Ihr wolltet hier wohl schlafen?« Wir wehren ganz großzügig ab, natürlich nicht. »Na, was wollt ihr denn?« Wir drucksen herum, wir hätten nur mal guten Tag sagen wollen. »Jetzt so spät abends? Na, wer seid ihr denn?« Ach, wir seien nur Bekannte. »Und woher kennt ihr Sascha?« Von früher. Aber Saschas Nachbar bohrt weiter: »Woher kommt ihr?« »Von weit.« Das ist das allgemeine Versteckspiel. Jeder spielt es mit, keiner rückt so richtig mit der Sprache heraus, mißtrauisch gegenüber dem anderen. Man weiß ja nicht, auf welchen Denunzianten man sich da einläßt. Aber er läßt trotzdem nicht locker: »Was war denn euer Reiseziel?« »Die Mongolei.« Die Antwort ist hier in der Nähe der mongolischen Grenze am unverfänglichsten. Er aber weiter, »daß ihr keine Mongolen seid, sehe ich auch. Was seid ihr denn für Landsleute?« Nun müssen wir doch gestehen. Aber unsere Antwort ist immer noch nicht eindeutig, so fragt er weiter: »So, so, Deutsche, und aus welcher Republik kommt ihr?« »Na, aus der Deutschen Demokratischen.« »Ach so, ihr seid Ausländer, jetzt erst begreife ich. Ihr seid mit der Reisegruppe hier?« »Nein, wir zwei sind die ganze Gruppe.« Da lacht er: »Zwei sind noch keine offizielle Gruppe. Wenn ihr aber das Zauberwort ›Gruppe‹ nicht benutzen könnt, darf euch kein Hotel aufnehmen. Ihr kommt nirgendwo unter. Also braucht ihr doch Quartier, das habe ich doch gleich gesagt. Wollt ihr nicht bei mir schlafen? Ich bin Saschas Nachbar, wenn der nicht zu Hause ist, muß ich eben aushelfen. Ich bin auch Maler. Seid ihr es auch? Nein? Na, macht nichts. Kommt nur herein. Der ganze Fußboden in meinem Atelier ist frei zum Schlafen. Da könnt ihr gut übernachten. An der Wand hängen Mäntel zum Drunterlegen und Zudecken. Oder noch besser, ihr nehmt die Pelzmäntel, die sind am weichsten. Dort drüben steht der Samowar, ihr wißt gewiß selbst damit umzugehen. Den Zucker daneben in der Dose könnt ihr aufessen. Dort habe ich auch eine Dusche. Aber bitte lehnt bei Benutzung innen das Brett vor die Tür, damit das

Wasser nicht die Treppe hinunterläuft. Da ist auch ein Handtuch. Das ist zwar lange nicht mehr gewaschen, aber ich wische meine Farbfinger nicht daran ab. Dort drüben steht ein altes Radio, aber damit bekommt man die Sender Peking und Tokio. So, dann gehe ich am besten hinüber in meine andere Wohnung und laß euch allein im Atelier. Ich schließe ab, damit euch kein Fremder belästigt. Morgen früh komme ich und bringe das Frühstück. Ist es recht so?«
Es war uns recht.

Wir sind noch ganz benommen von seiner langen Rede und von seiner großzügigen Gastfreundschaft. Wir staunen, daß der Mann den Mut hatte, uns dahergelaufene Fremde so einfach aufzunehmen, die Courage, uns trotz staatlichen Verbots zu beherbergen. Daß er die Geste fertigbrachte, uns mit großer Selbstverständlichkeit den Fußboden anzubieten. Hätten wir das in Deutschland auch so gekonnt? Wir stellen uns vor, wie absurd der Satz bei uns klingen würde, wenn wir zu Gästen sagen würden: Gehen Sie nur nicht wieder fort, auch wenn wir keine Schlafgelegenheit haben. Sie können auf dem Teppich schlafen, und im Kleiderschrank werden Sie schon etwas zum Zudecken finden.

Wir haben es uns dann auf dem Fußboden gemütlich eingerichtet mit den Pelzmänteln. Zu Hause wollten wir tüchtig aufschneiden, daß es in Sibirien so kalt gewesen sei, daß man zum Schlafen zwei Pelzmäntel brauchte. Unsere geschossenen Fotos sollten das belegen.

Natürlich war uns noch nicht gleich nach Nachtruhe zumute. Wir mußten uns erst einmal unter den vielen aufgehängten und aufgestellten Bildern umsehen. Am anderen Morgen teilten wir dem Maler das Ergebnis unserer Analyse mit. Der Stil wäre sozialistischer Realismus, sein persönliches Auftreten ließe aber auf eine andere Kunstrichtung schließen. Er lacht: »Das habt ihr aber schnell herausgefunden. Was hier hängt, ist nicht mein Stil. Das sind nur Auftragsarbeiten, mit denen ich mich finanziell über Wasser halte. Da male ich eben das, was gewünscht wird. Etwas anderes zu zeigen, ist ja in unserem Land nicht

Friedrich im Zwiegespräch mit dem Auftragswerk des Malers Sascha aus Irkutsk

möglich. Wenn ich aber das male, was mir aus dem Herzen kommt, kann ich das nur für den Schreibtisch tun.« Mit diesen Worten zieht er die vielen Schubladen auf, in denen er die Fülle seines fleißigen Schaffens aufbewahrt. Seine Bilder zeigen, daß er noch experimentiert, seinen Stil noch sucht, sich auf vielen Gebieten erprobt. Er weist auf Bilder, die ihm am besten gefallen, von denen er meint, sie würden seine eigentliche Aussage treffen. Die Schau ist so vielfältig, wie man sie in einer westlichen Ausstellung nicht anders hätte sehen können. Von solchen Experimenten hatte ich in der braven Sowjetunion noch nie etwas gesehen. »Ach, davon gibt es genug«, meint er stolz, »aber alle meine bekannten Kollegen müssen – so wie ich – für den Schreibtisch arbeiten, Wir hoffen, daß sich die Zeiten einmal ändern werden, eine Umwandlung (Perestroika) kommt, damit wir dann unsere Schreibtische öffnen können.« An solchem Zeug, er macht eine abschätzige Armbewegung in Richtung Staffelei, verdiene er, und mit dem überschüssigem Geld unterstütze er zusammen mit anderen Kollegen Dissidentenschriftsteller, die vom Staat finanziell kaltgestellt worden seien.

Deutsche in Irkutsk, unter ihnen Walter mit seinem Töchterchen Ottilie

Ich bewundere seinen Idealismus. Gleichzeitig halte ich ihn aber auch für eine Phantasten, wenn er auf Umgestaltung der Zeiten hofft. Wie soll sich denn je etwas ändern, wo man doch überall merkt, daß das System immer verknöcherter statt liberaler wird.

Beim fröhlichen und ausgiebigen Frühstück läßt er sich viel von unserem Land erzählen. Man merkt, daß er sich freut, Gäste zu haben. Danach brechen wir auf. Wir müssen vor der Abreise noch schnell zu Tanja, um die Geschenke loszuwerden.

Leider treffen wir Tanja nicht an. Es ist niemand zu Hause, nur eine neugierige Nachbarin meldet sich nebenan. Die nimmt die Gaben in Empfang und versieht sie mit ihrem Kommentar: »Oh, Kugelschreiber. Da wird sich die Tanja aber freuen. Und das hübsche Halstuch. Da werden die Mitschülerinnen ja neidisch sein. Und was habt ihr denn da noch im Briefumschlag?« Wir zögern mit der Antwort, denn es sind kleine Heiligenbildchen, die in der DDR beim Cordier-Verlag erschienen waren, drin. Aber die wollten wir nicht so gerne vorzeigen, weil wir nicht wußten, ob wir die kleine Tanja vor der neugierigen Nachbarin damit kompromittieren. Was ist, wenn sie Kommunistin ist, und merkt, daß wir der Tanja Heiligenbilder schenken und damit ihre Kirchenanbindung verraten? Jetzt tut es uns leid, daß wir den Umschlag so voreilig herausgenommen hatten. Doch da klärt sich die Situation schon von selbst, als die Nachbarin meint: Sind das nicht die beiden Herren, die ich neulich in der Kirche gesehen habe?« Ja, wenn sie auch in der Kirche war, können wir ihr bedenkenlos die Bildchen zeigen. Sie ist entzückt: »Ikonen! Und wie viele! Schenkt mir auch eine.« Wir geben ihr mehrere. Da ergreift sie schnell unsere Hände und drückt uns je einen Kuß auf die Handrücken. Sie werde gerne der Tanja unsere Grüße ausrichten. Sie winkt uns noch lange nach.

Als ich wieder zu Hause bin, erreicht mich Post von Tanja. Sie bedankt sich für die Geschenke. Über den Kugelschreiber habe sie sich sehr gefreut, und über das blaue Halstuch wären die Mitschülerinnen sehr neidisch. Aber am meisten habe sie sich über die Ikonen gefreut. Das seien ja so viele gewesen, daß sie all ihren Freundinnen eine schenken konnte. Sie hätten sich alle bedankt, indem sie ihr einen Kuß auf die Stirn gegeben hätten. Einen davon würde sie mir im Brief mitschicken: Sie hat mit Tinte einen Kreis gemalt mit einem Kreuzchen drin, von der Feuchtigkeit ein bißchen verschwommen.

(1973)

Die Deutschen in Nowosibirsk

Wieder reise ich mit der Bahn durch die endlosen Weiten Sibiriens, diesmal mit Norbert, dem deutschen katholischen Kollegen und Reisegefährten. Die Schaffnerin serviert uns den Tee. Das Platznachbar hat sein Knopfakkordeon ausgepackt und spielt die passenden traurigen Weisen zur romantischen, regennassen Landschaft. Ich schaue verträumt durchs Fenster und sehe draußen nichts als vorübergleitende Birkenwälder und wieder Birkenwälder. Ich erinnere mich an meine erste Fahrt durch Sibirien und erzähle Norbert davon.

Damals hatte ich, beeindruckt von der Weite des Landes, während meiner Reise mit der »Transsib« jeden Tag eine Karte nach Hause geschrieben. Irgendwo auf den Stationen hatte ich sie in den Briefkasten gesteckt, und meine Mutter hatte die Karten aufgehoben, so daß ich sie später noch amüsiert lesen konnte. Auf der ersten Karte stand: »Liebe Mutter! Heute reise ich schon den ganzen Tag durch den einen Birkenwald! Dein Sohn.« Die zweite lautete ähnlich: »Heute fahre ich bereits den zweiten Tag noch immer durch denselben Birkenwald! Dein Sohn.« Am dritten Tag klang das gar nicht mehr so freundlich: »Heute bin ich immer noch in dem blöden Birkenwald!« Und am vierten Tag wirkte der Text fast ängstlich: »Ich glaube, ich komme aus dem ewigen Birkenwald-Gefängnis überhaupt nicht mehr heraus.« Und erst am fünften Tag klang es anderes, war es ein Hoffnungsschimmer? »Ich lese heute im Fahrplan, daß unser Zug den Ural durchquert, dann hört der Birkenwald auf – und es kommt Nadelwald! Dein Sohn.«

Norbert lacht und bestätigt es: tatsächlich immer nur Birkenwald. Die Weite der Landschaft sei gigantisch. Die sowjetischen Soldaten, die in der kleinen DDR eingesetzt wurden, waren dort immer begeistert von der abwechslungsreichen Landschaft. Sie erklärten, beim Bahnfahren sähen sie draußen aller fünf Minuten etwas anderes, einen kleinen Wald, eine kleine Wiese, ein kleines Feld, einen kleinen Ort, und sie fügten im Scherz hinzu: Bei ihnen daheim sähe man aller fünf Tage was anderes.

Nun sehen wir aber draußen in der Tat auch etwas anderes. Die Vororte der sibirischen Metropole Nowosibirsk tauchen auf.

Norbert wußte hier in Nowosibirsk eine deutsche Adresse, und ich hatte bei früheren Reisen auch eine erfahren, aber noch nie Gelegenheit zu einem Besuch gefunden. Nun wollen wir es ausnutzen.

Als wir mit Mühe die erste Adresse ausfindig gemacht hatten, öffneten russische Bewohner und erklärten, daß wir zu spät kommen. Die Deutschen seien vor zwei Jahren nach der Bundesrepublik übergesiedelt. Schade. Also, auf zur anderen Adresse.

Da haben wir Glück. »Wir wollen zu Emma Zimbelmann.« »Ja, das bin ich selber. Bitteschön?« Aber dann erfaßt sie sofort die Situation und ruft begeistert ins Haus hinein: Schnell, kommt's heraus! Wir hans Besuch aus dem Reich!« Für uns war das eine recht merkwürdige Bezeichnung, die gab es im DDR-Sprachgebrauch nicht. Das Wort »Reich« hatte sich nur noch hartnäckig bei der Reichsbahn gehalten. Tante Emma, so hat sie sich selber inzwischen vorgestellt, auch aus Gründen der Geheimhaltung des Familiennamens, ist mit ihrer Rede noch nicht am Ende: »Wie lange wollt ihrs denn bleiben?« »Wir dachten, so zum Kaffeetrinken.« Da lacht sie uns schallend aus: »Und deswegen die weite Reise? Nein, vierzehn Tage müßt ihrs schon bleiben!« Man merkt, die Deutschen haben dort von der großzügigen Gastfreundschaft der Russen gelernt. Wir müssen dennoch abwehren, in drei Tagen sei bereits die Zeit für unser Durchreisevisum abgelaufen, und wir müßten dann an der mongolischen Grenze sein. »Na, dann besorgen wir eben ein Flugticket für euch bis zur Grenze, so daß ihr bis zum letzten Augenblick bei uns bleiben könnt.«

Und so geschieht es. Wir sind drei Tage geblieben. Aber wir waren nicht nur bei Zimbelmanns zu Gast, sondern noch in vielen anderen Familien. In Windeseile hatte sich unsere Ankunft bei den Deutschen in Nowosibirsk herumgesprochen: »Habt ihrs schon gehört? Es seins zwei aus dem Reich zu Gast, e Kathulischer und e Evangelischer.« Und so kam es, daß sie sich darum rissen, uns bei sich zu Hause zu haben, so daß wir uns schließlich aus Gründen der Zeitökonomie trennen mußten. Norbert hatte bald bei den Katholiken vollauf zu tun mit Eucharistiefeiern und Nachtrauungen. Es war ja lange kein Priester mehr am Ort gewesen. Ich wurde bei den Evangelischen herumgereicht.

Ein besonders festliches Ereignis war die Taxifahrt zum neuen Gemeindehaus, das sie mir unbedingt zeigen wollten. Allerdings mußte es geheimgehalten werden, daß ich Ausländer bin. Ich war ja ohne staatliche Genehmigung zu Besuch. So sollte ich im Taxi vor dem fremden Fahrer möglichst ganz schweigen und meinen Fotoapparat verstecken. Sie wollten schließlich dem Fahrer auch das Ziel unseres Ausflugs nicht verraten, deshalb erklärten sie ihm, daß sie zur Großmutter wollten: »Aber halten Sie schon einige Straßen vorher. Den Rest laufen wir. Wenn die Großmutter sieht, daß wir mit dem Taxi vorfahren, erschrickt sie immer sehr, weil sie denkt, es wäre etwas passiert. Warten Sie dann hier. Wir geben die Blumen bei ihr ab, und in einem Stündchen sind wir wieder da und fahren zurück.« Man war erfinderisch, und so hat der Fahrer nichtsahnend unsere verdächtige Gruppe zu brisanten Orten gefahren.

Zu Fuß erreichen wir unser Ziel am Rande der Stadt, wo noch nach altsibirischer Art kleinere Holzhäuser stehen. Das schmucke Gemeindehaus – damals Treffpunkt von rund 300 lutherischen Gemeindemitgliedern – war unlängst mit staatlicher Genehmigung von einem Deutschen gekauft worden. Davor war die Gemeinde bei den Baptisten untergekommen. Doch dort konnten sie immer nur am Nachmittag Gottesdienst abhalten, wenn die Baptisten den ihren so »frühzeitig« abbrachen. Doch das war viel zu kurz. Im Sommer ist es hier zwar bis 23 Uhr hell, aber das

Zusammensein dauerte eben doch nur einen angebrochenen Tag. Nein, man wollte ein eigenes Haus haben, wo man den ganzen Tag von früh bis spät miteinander verbringen konnte. Endlich hatten sie es. Liebevoll hatten sie es innen

Piroggen-Verkäuferin vorm Bahnhof in Nowosibirsk

mit Bildern, Blumen und Blumentöpfen geschmückt. Geschickte Handwerker hatten Bankreihen eingebaut, damit auf dem engen Raum die Menschenmenge auch Platz fand. Sie zimmerten ein Podium mit Altaraufbau. An der Decke war eine Ventilation angebracht und an den Fenstern installiert. Im Augenblick war gerade der Fußboden versiegelt und nicht begehbar, so daß sie ihren Gottesdienst wieder einmal bei ihren alten Gastgebern feiern mußten.

Diesen Gottesdienst habe ich dann auch miterlebt. Obwohl sie wie ich lutherische Christen sind, ist ihre Feier für mich besonders in ihrer Langatmigkeit doch fremd. Dabei gibt es für mich auch Belustigendes und Beeindruckendes. Belustigt hat mich der Gesang. Man kann ihn schon fast nicht mehr Gesang nennen, es ist eher eine Prozedur: Wenn es keine Gesangbücher gibt, muß man sich anderweitig helfen. Nur wenige hatten ein altes Exemplar des »Dreibandes« aus der Wolgaheimat bei der Vertreibung mit herübergerettet. Daraus wird nun vorgelesen – Zeile für Zeile und zwischendurch die jeweils vorgelesene Zeile gesungen, aber im überlang gedehnten Tempo. Der Gesang ist so langsam, daß man bequem dabei den Text mitschreiben kann. Was manche tun, denen gerade dieses Lied im selbstangelegten Liederheft noch fehlt. Sie kennen zwar sehr viele Lieder auswendig, und sie können auch brav alle acht Strophen bis zu Ende singen, aber weil sie gern oft und viel singen, ist eben doch öfter das Heft nötig. So beginnt beim Anstimmen des nächsten Liedes bei vielen erst eine große Blätterei, weil natürlich jeder den Text unter einer anderen Seitenzahl aufgeschrieben hat.

Draußen am Gartenzaun aber stehen russische Frauen, denen der Weg zur eigenen orthodoxen Kirche viel zu weit ist, die gern am Gottesdienst der Deutschen teilgenommen hätten. Sie summen wenigstens die Weisen mit. Später beschweren sie sich bei den Deutschen: »Warum singt und redet ihr bei euren Zusammenkünften auf einmal nur deutsch, während ihr sonst mit uns doch russisch sprecht. Habt ihr denn Geheimnisse oder einen anderen Gott als wir?«

Schließlich beeindruckt mich im Gottesdienst der Zusammenhalt der Gemeindemitgieder. Es gibt in der Zusammenkunft vor der Mittagspause extra eine »technische« Stunde, in der man sich untereinander bespricht, wer krank ist und besucht werden muß, bei wem die Kinder zu hüten sind, damit die Eltern auch zum Gottesdienst kommen können, bei welchen kinderreichen Müttern einmal Haushaltshilfe mit Wäscheausbessern und Strümpfestopfen nötig ist, welche Armen man mit dem Suppentopf besuchen muß und welche alten Leute Hilfe beim Holzhacken und Kohletragen im Winter brauchen.

Und dann bin ich sprachlos, als mir ein älterer Mann sagt: »Ich möchte auch noch gern in der Gemeinde mithelfen, habe aber nicht mehr die Kräfte zum Holzhacken oder Kohletragen. Aber ich habe noch klare Augen, so daß ich gut schreiben kann. Und darum habe ich schon einige Male Bibel und Neues Testament abgeschrieben für andere Gemeindemitglieder.« Wie kostbar den Leuten doch die Heilige Schrift ist! Ich habe deshalb dort nicht eine meiner mitgebrachten Bibeln verschenkt, sonst hätte ich die enorme Mühe dieses bewundernswerten Mannes entwertet.

Am anderen Tag bekomme ich noch eine besondere Aufgabe. Ich soll die Enkelin von Tante Emma, die kleine Ilona, taufen. Der Tag wird als großer Feiertag gestaltet. Die ganze Familie, die Paten und Freunde sind, festlich gekleidet, in der guten Stube versammelt.

Ich schaue mich um. Es ist alles möglichst deutsch eingerichtet mit Importen aus der DDR. Da stehen Möbel aus Eisenberg, das Porzellan ist aus Colditz und Kahla, und man trägt Stoffe aus dem Vogtland. Da die Deutschen im allgemeinen fleißig sind und ihr Geld zusammenhalten, sind sie damals zu einem relativen Wohlstand gekommen. Die Russen sagten ihnen anerkennend nach: Die Deutschen saufen nicht, lügen nicht, arbeiten viel und helfen gern. Das heißt, sie sind eigentlich wohl angesehen in ihrer Nachbarschaft. Doch haben viele Deutsche den heimlichen Wunsch, die Gegend wieder zu verlassen. Sie ist nicht ihre Heimat, die ist vielmehr an der Wolga. Dort waren sie im

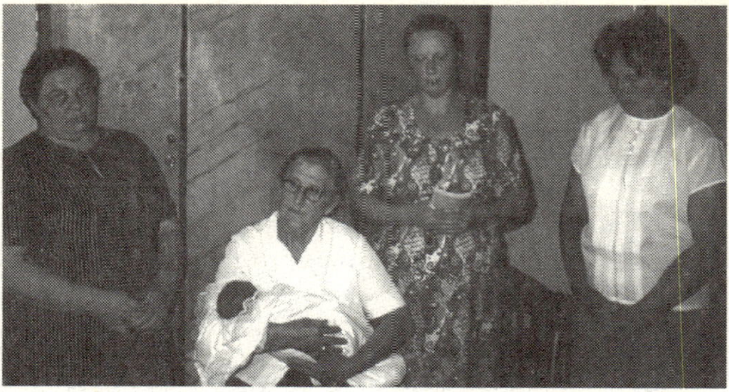

Taufe von Ilona. Ihre Großmutter Emma Zimbelmann hält sie im Arm

deutschen Gebiet, mit deutschen Schulen und Kulturstätten, dort sind die Friedhöfe ihrer Vorfahren. Mit Kriegsbeginn wurden sie vertrieben, jeder kann von leidvollen Geschichten erzählen. Unter Stalin war ihnen ihre eigene Sprache verboten worden. Und wer in der Familie nicht streng darauf achtete, das die Muttersprache heimlich geübt wurde, hat bald die Erfahrung gemacht, daß sie bei den Kindern und Enkeln verlorenging.

Tante Emma spricht beispielsweise noch einwandfreies Deutsch. Das Russische hingegen lernte sie nur mit innerem Widerstand. Es reicht gerade notdürftig fürs Einkaufen. Manchmal macht sie bei den Zahlen grobe Fehler, die zu grotesken Verwechslungen führen. Einmal wollte sie fünfzehn Eier kaufen und wunderte sich, warum man nach großen Kartons suchte, um ihr die gewünschten fünfzig Eier einzupacken.

Sohn Hubert hingegen ist in zwei Sprachen zu Hause, aber in beiden nur unzulänglich. Die Deutschen verlachen ihn oft: »Spricht ne russ'sch un spricht ne deitsch, kimmt dr Meistr mit dr Peitsch!« Und die russischen Arbeitskollegen spotten ebenfalls, wenn er in ihrer Sprache Fehler macht. Sie hänseln ihn »Fritz, Fritz!« Das ist der Spitzname für die Deutschen, so wie wir den Russen »Iwan« nennen.

Wenn ich mich bei ihnen im Land mit Friedrich vorgestellt habe, gab es öfter peinliches oder heiteres Getuschel, »da haben wir es wieder, die Deutschen heißen doch alle Fritz«. Wenn es aber auf der Arbeitsstelle zwischen Hubert und den russischen Kollegen härtete Auseinandersetzungen gab, dann nannten sie ihn »Faschist«, und er war tief beleidigt und klagte zu Hause: »Warum muß ich nur durch meine Sprache etwas anderes sein. Ich will auch ein normaler Russe sein wie alle anderen.«

Also erzieht Hubert sein Töchterchen Ilona in der russischen Sprache. Die Großmutter kann sich deshalb mit der eigenen Enkelin nicht verständigen, und sie seufzt: »Schaut's euch an, kaum drei Generationen, und schon sins Russen geworden«, und sie schlußfolgert, »darum wolln wir heim ins Reich.«

Es ist nicht nur der erwartete Wohlstand, der die Deutschen ins »gelobte Land« lockt, es ist auch der Verlust der Sprache, der Indentität und des Glaubens. Sie bringen es leider nicht fertig, im Gottesdienst von der »Sprache der Väter, dem guten reinen Deutsch«, abzugehen. Sie benutzen darum auch den unrevidierten Luthertext im altmodischen Klang: »Gläubt ihr nicht, so bleibet ihr nicht« (Jes. 7,9), aber sie grenzen dabei außer den willigen Russen, die gern zu ihren Versammlungen kämen, auch ihre eigenen nachfolgenden Generationen aus. Einst hatte das Glaubensleben in der eigenen Sprache das Volkstum erhalten, jetzt aber behindert diese Kopplung die Glaubensäußerung. Andere Gemeinschaften – wie die Baptisten – haben sich auf die Situation eingestellt, waren auf die Gastsprache eingegangen und erlebten Zulauf. Bei den Deutschen hat ihre Starrheit zwar ihre Chancen, sie halten zusammen und helfen einander. Aber sie hat auch ihre Grenze. Die Gemeinschaft schrumpft. Wieviele der letzten Getreuen werden am Ende noch beisammen sein?

Von all dem habe ich viel erfahren, als bei der Tauffeier wieder die alten Probleme erörtert wurden. Das Thema, ob sie bleiben oder auswandern sollten, läßt sie nicht zur Ruhe kommen. Es wurde an dem Tag viel gesungen und gelacht. Sie genossen die Fröhlichkeit des Augenblicks. Und gleichzeitig haben sie an jenem Tag viel geweint. Sie denken an Ilona: Wie wird ihr Lebensweg verlaufen, wird sie im Lande bleiben?

(1973)

Die Ikone von Kolja

Kolja habe ich im Zug getroffen, der mich zum berühmten alten Kloster Petschori, an der Grenze von Estland gelegen, bringen sollte. Kolja will auch dorthin, aber als Pilger. Einmal im Jahr unternimmt er diese Reise, um dort einen ganzen Tag lang zu beten und die Gottesdienste mitzufeiern. Die Gebete, die er einst von seiner Großmutter gelernt hat, will er dort vor den vielen Heiligenbildern, den Ikonen, wiederholen. Er hat sogar seine eigene Ikone dabei und zeigt sie mir: »Das ist der heilige Nikolaus, mein Freund. Die Ikone ist nicht so wertvoll wie die handgemalten, altehrwürdigen Bilder im Kloster. Sie ist nur ein Papierdruck, der auf ein Holztäfelchen aufgeklebt ist. Aber ich liebe sie. Sie zeigt meinen Namenspatron. Denn eigentlich heiße ich Nikolai, und das ist der Name vom heiligen Bischof Nikolaus, den wir russisch-orthodoxen Christen besonders verehren. Er hatte einst eine Kirche vor den feindlichen Tataren gerettet. Zu ihm bete ich, daß er die Kirche immer wieder beschütze und bewahre!«

Unser Zug kommt früh in Petschori an, gerade zur rechten Zeit, als im Kloster die Pforten geöffnet werden. Mit uns sind noch andere Pilger gekommen. Manche sollen sogar hundert Kilometer zu Fuß gelaufen sein. Auch einige Bewohner des Ortes wollen zur Morgenandacht ins Kloster.

Kolja führt mich hinein und freut sich, daß ich überrascht bin über die wunderschönen Kirchen, die Gebäude für die Mönche, den Klostergarten, in dessen Mitte das Brunnenhäuschen steht. Alles ist sehr farbenprächtig. Ich sehe die goldenen Dächer der Kirchen, die blauen Kuppeln auf den Türmen mit den goldenen Sternchen daran. Mir erscheint alles wie aus einem Märchenbuch. Kolja zieht mich weiter, zeigt mir die Heiligenbilder überall an den Wänden. Hier bleibt er jedoch allein zurück, geht andächtig von Ikone zu Ikone, verneigt und bekreuzigt sich vor jeder, betet halblaut sein Gebet. Etwa eine Stunde geht er

Abt des Klosters Petschori

so umher. Vor der Hauptkirche, deren äußere Wand mit besonders vielen Bildern bemalt ist, verweilt er nochmals eine Stunde betend. Dann nimmt er mich mit in die Kirche. Der Gottesdienst soll zwar erst in einer Stunde beginnen, aber vorher singt schon der Chor die einleitenden Weisen. Es wird bald sehr voll. Die Kirche ist seit alter Zeit als Wallfahrtskirche hier im frommen Norden immer gern und viel gesucht worden. Kolja bleibt auch hier andächtig vor den zahlreichen Ikonen stehen. Ich entdecke darunter auch die vom heiligen Nikolaus. Er bemerkt, daß mir der bärtige Heilige mit dem freundlichen Gesicht besonders gut gefällt.

Kolja führt mich zu einem anderen Bild, der Maria mit dem Jesuskind, das seinen Kopf liebevoll an der Wange der Maria schmiegt. Und er erklärt mir: »Das war die Lieblingsikone meiner Großmutter. Sie hat mir an diesem Bild manches über das Leben Jesu erzählt und mir den Glauben nahegebracht.« Er küßt die Ikone, steckt in den Messingleuchter davor eine dünne Wachskerze, die er am Eingang der Kirche gekauft hat, entzündet sie und betet ein langes Gebet für die Großmutter.

Andere Gläubige haben ebenfalls Kerzen entzündet. Die Kirche ist von vielen kleinen Flämmchen geheimnisvoll erleuchtet, die Ikonen mit ihrem goldenen Hintergrund schimmern festlich. Der Chor singt wunderschön, seine Stimmen reichen von hohen glockenreinen Tönen bis zum tiefsten dröhnenden Baß, manchmal ganz leise zu den Worten des Priesters, dann wieder laut aufbrausend. Ich bin von dieser Schönheit wie verzaubert.

Doch nach zwei Stunden tun mir schließlich die Beine weh. Kolja lacht mich aus: »Nein, Stühle gibt es bei uns in der Kirche nicht!« Ihm scheint das Stehen überhaupt nichts auszumachen. Die orthodoxen Christen sind das in den oft recht langen Gottesdiensten gewohnt.

Am Abend ist meine Zeit um. Kolja begleitet mich zum Zug und verabschiedet sich sehr herzlich, er umarmt mich und gibt mir den Bruderkuß auf die Stirn. Dann winkt er mir noch lange nach.

Als ich später im Zug in meinem Handgepäck krame, entdecke ich etwas in Zeitungspapier Eingewickeltes. Wer hat mir da etwas in die Tasche geschmuggelt? Ach! Es ist die Nikolaus-Ikone von Kolja!

Sie hängt heute in meinem Zimmer als liebe Erinnerung an Kolja und an den Besuch im Kloster Petschori.

(1973)

Die russische Seele

Iwan hat mich in seine Stadt eingeladen. Nach Wolgograd. Bei einer früheren Reise hatte ich ihn in Leningrad getroffen, und wir waren zusammen durch die Stadt gebummelt.

Es ist für ihn ein interessantes Experiment zu erproben, ob er sich als Nichtgläubiger mit mir, einem Christen, noch dazu einem Pfarrer, vertragen würde. Nun bin ich bei ihm zu Gast. Und noch vor dem Sonntag kommen tatsächlich Meinungsverschiedenheiten auf. Denn nun will ich endlich nach den vielen Sehenswürdigkeiten der Stadt, die mir Iwan gezeigt hatte, auch einmal eine russisch-orthodoxe Kirche sehen. »Na, auf so eine Bitte habe ich schon gewartet«, witzelt er, »aber daraus wird nichts! Bei uns gibt es nämlich gar keine Kirche.« Aber er hatte sich verrechnet.

Serjosha kommt mir zu Hilfe. Das ist sein Neffe, der wohnt während seiner Studienzeit beim Onkel in der Stadt. »Aber doch, Onkelchen Iwan! Freilich gibt es eine Kirche! Ich habe sie doch selbst gesehen und habe auch bemerkt, daß da Gläubige hineingehen.« Damit kommt er beim Onkel schlecht an: »Jetzt willst du wohl auch noch fromm werden wie unser Gast?« Aber Serjosha läßt sich nicht beirren und hilft mir, indem er sein besonderes Erlebnis erzählt.

Er hatte nämlich bei uns in der DDR als Soldat gedient. Und das gerade in der Stadt, in der ich damals Theologie studierte, in Naumburg. Ausgerechnet zu derselben Zeit, in der ich auch dort gewesen war. Seine Kaserne lag gleich neben unserer Ausbildungsstätte. Natürlich sind wir uns damals nicht begegnet. Aber wir konnten uns beide an dasselbe Ereignis erinnern: Wir Studenten hatten damals einen orthodoxen Priester eingeladen, damit er einmal mit uns in unserer Hauskapelle einen russisch-orthodoxen Gottesdienst feiere. Er kam gern. Und als er damals vorfuhr, rannten wir Studenten an die Fenster und bestaunten den aussteigenden Gast in seiner prächtigen Priestertracht. Auch die Soldaten nebenan staunten. Hinter unseren

Unbeschreibliche Weite: Birkenwälder soweit das Auge reicht

Sascha, Neffe des Kommunisten Iwan

Fenstern wurden es mehr und mehr Gaffer und drüben hinter dem Eisentor ebenfalls. Der Priester bemerkte das. Er stieg sehr langsam und bedächtig die fünf Stufen zu unserem Eingang empor, blieb stehen, verweilte, kehrte wieder um, um noch etwas Vergessenes aus dem Auto zu holen, stieg wiederum sehr langsam empor, blieb zwischendurch oft stehen, drehte und wendete sich dabei nach allen Seiten.

Wir begriffen zunächst nicht den Sinn dieser Verzögerungstaktik, amüsierten uns vielmehr mit der Bemerkung: Na, wann wird er denn endlich die fünf Stufen schaffen! Dann merkten wir, daß das Schauspiel auch drüben beobachtet wurde, daß die Soldaten immer mehr und mehr herbeiriefen, so daß sich bald eine große Schar Schaulustiger hinter dem großen Tor drängelte. Da endlich wandte sich der Priester zunächst seinen Landsleuten voll zu und schlug in ihre Richtung das Kreuzzeichen, so, wie es in der orthodoxen Kirche Brauch ist. Die Soldaten drüben rissen ihre Mützen vom Kopf, von der Plötzlichkeit des Augenblicks überwältigt, und wiederholten an sich auch das Kreuzzeichen.

Serjosha erinnert sich daran und sagt zu mir: Da stand ich damals mit unter der gaffenden Schar. Und es war in dem Moment, als sich der Priester uns zuwandte, daß in mir all das wieder gegenwärtig wurde, was ich einst von meiner Mutter und von der Großmutter an Glaubensdingen gelernt hatte. Und ich habe mich auch bekreuzigt. Danach aber hatten wir unseren Vorgesetzten um Ausgang gebeten mit der Begründung: Jetzt, wo uns der Priester gesegnet hat, wollen wir auch endlich unser Vorhaben wahr machen und den berühmten Dom in der Stadt besichtigen! Wir haben den Dom besucht. Einer von euren Theologiestudenten hat uns geführt und viele Fragen beantwortet, die da plötzlich in uns wach geworden waren.« Und mit Nachdruck sich an Iwan wendend: »Also Onkelchen Iwan! Wenn uns die deutschen Gastgeber einst ihren Dom gezeigt haben, dann sei so großzügig und führe unseren Gast auch in unsere Kirche!«

Ja, Gastfreundschaft ist eine wichtige Sache. So muß sich Onkel Iwan fügen. Wenn auch brummend, fährt er uns am Sonntag doch zur Kirche.

Iwan bleibt im Auto sitzen. Serjosha und ich erhalten »Ausgang« zum Kirchenbesuch. Serjosha nur eine halbe Stunde. Zu mir sagt Iwan spottend: »Meinetwegen magst du den ganzen Tag bleiben und singen und beten. Aber am Abend hast du pünktlich um 20 Uhr zu Hause zu sein!«

Damit bin ich in der Kirche zu Gast. Es ist gerade Gottesdienst. Viele Leute sind da. An meinem Fotoapparat und meinen neugierigen Blicken erraten sie unschwer, daß ich ein ausländischer Tourist bin. Durch die Menge der stehenden Gläubigen bahnen mir einige einen Weg nach vorn in die Nähe der Bilderwand, damit ich besser sehen kann und näher an Chor und Priester dran bin. Das ist gut so. Aber ich kann auf diese Weise auch besser gesehen werden, was weniger gut ist. Denn ich mache während des Gottesdienstes vieles falsch. Beim Singen beispielsweise stehe ich stumm und dumm dabei; sie bemerken es. Beim Bekreuzigen lasse ich meine Arme hängen; sie registrieren es. Beim Niederknien rage ich allein über die Menge; sie sehen mich vorwurfsvoll an. Ein Kirchendiener reicht aus einem Türchen in der Bilderwand gleich neben mir den Brotkorb heraus. Ich will wenigstens an einer Stelle einen besseren Eindruck hinterlassen, springe eiligst hinzu und nehme hilfsbereit den Brotkorb im Empfang. Aber wohin nun damit? Keiner nimmt ihn mir ab. Vielmehr drängen sie sich nach vorn, nehmen sich das Brot heraus. Jeder ein Stückchen. Ich aber stehe ratlos da, habe Angst, schon wieder etwas falsch zu machen. Endlich kommt der Kirchendiener wieder und erlöst mich. Er fragt: »Du gehörst nicht zu unserem russisch-orthodoxen Glauben?«

»Nein«, sage ich. »Und warum gehst du nicht zu den Deinen?«

»Weil ich nicht weiß, wo die Meinen zu finden sind.« »Wir fahren dich hin. Einer von uns ist Taxifahrer. Komm mit nach draußen, da steht sein Auto!« Wieder wird eine Gasse für mich gebahnt nach draußen zu meinem Taxi.

Wir fahren weit hinaus an den Stadtrand. Es wird eine lange Fahrt, Wolgograd dehnt sich über 70 Kilometer weit. Vor einem neuerbauten Gemeindehaus setzt mich der Fahrer ab: »Hier sind wir. Hier wird es besser für dich sein!« und dann wehrt er ab: »Nein, zu zahlen ist nichts. Die Fahrt war unser Gastgeschenk.«

Der Taxifahrer hat mich bei der evangelischen Freikirche der Evangeliumschristen-Baptisten abgesetzt. Auch hier ist gerade Gottesdienst. Es ist brechend voll. Ich zähle etwa 450 Leute, darunter viele Jugendliche und Gläubige in den mittleren Jahren. Fast alle haben eine Bibel in der Hand, meist sehr liebevoll eingebunden in handgearbeitetem Leder- oder Stoffeinband. Während der Predigt wird sie ständig gebraucht, um die zitierten Stellen nachzuschlagen. Außerdem gibt es ein gedrucktes Gesangsbuch. Der Gesang spielt hier eine große Rolle. Es gibt zwei Chöre, einen gemischten und einen Jugendchor mit Instrumenten. Viele Gemeindemitglieder sind mit einer Predigt, einem Grußwort, einem vorgetragenen Lied oder einem Gedicht direkt an der Gestaltung des Gottesdienstes beteiligt.

Besonders beeindruckend ist für mich die Gebetsgemeinschaft. Sie währt fast dreißig Minuten; einer betet, alle beschließen das Gebet mit einem gemeinsamen Amen. Dann beten zwei Gemeindemitglieder gleichzeitig – geteilte Aufmerksamkeit für die zuhörenden Mitbeter –, dann drei, schließlich alle. Das Gebet ist laut und intensiv. Es geht gegen Ende der Gebetszeit immer mehr über in Klagen, schließlich in lautes Schluchzen und Weinen. Man hat den Eindruck, jetzt weint sich jeder sein Leid der letzten Woche von der Seele. Einer aus dem Leitungsteam gibt schließlich mit einem lauten Amen das Zeichen zum Beenden der Gebetszeit. Der Jammer hört schlagartig auf. Es herrscht Stille, man ist beschäftigt mit Nase- und Brilleputzen. Danach wird ein fröhliches Lied angestimmt. Und mit genau derselben Intensität, mit der eben noch die Klage laut geworden war, wird nun anschließend die Fröhlichkeit deutlich. Ich bin über den Stimmungswechsel sehr verdutzt. Dabei wird mir wieder einmal die Andersartigkeit der Empfindungen russischer Menschen deutlich.

Viel mehr als wir »Westler« sind sie in der Lage, ihre Emotionen zu zeigen, in ihrer Gegensätzlichkeit auszuhalten und auch auszuleben. Während wir in der Vergangenheit bisher immer mit falscher Scham alle Gefühle in uns versteckt hielten. Deutsche, die nach 1945 Russen während der Besetzung zur Einquartierung hatten, bestätigen aus ihrer Erinnerung heraus diese andere Art, Emotionen zu zeigen: »Wenn die damals bei uns ein Familienfest gefeiert haben, ist bei ihnen in einer Nacht mehr geheult und gelacht worden als bei uns in einem ganzen Jahr!« Ich habe später Gottesdienstbesucher nach dem Grund ihres Weinens beim Gebet gefragt. Sie haben mir die Frage nicht beantwortet, sondern nur verwundert die Gegenfrage gestellt: »Wieso weint ihr denn nicht? Ist es euch um das Gebet nicht ernst genug?«

Vor der Mittagspause gibt es schließlich noch eine Besonderheit im Gottesdienst: Grußstunde. Einer der Leitenden fragt: »Hat jemand unter euch Grüße auszurichten?« »Ja«, tönt es aus der hintersten Reihe, »unsere Tante aus der Gemeinde Odessa war bei uns zu Besuch gewesen. Sie ist wieder abgereist, aber sie läßt euch mit folgendem Bibelwort herzlich grüßen...« Und dann wird die Textstelle vorgetragen. Die Gemeinde antwortet wie aus einem Munde: »Blagodarim!« – Wir danken! »Hat noch jemand Grüße zu sagen?« »Ja«, kommt es aus einer Reihe davor. »Mein Bruder aus der Gemeinde Nowosibirsk hat uns geschrieben, und er grüßt auch die Gemeinde herzlich mit folgendem Bibelwort ...« Und wieder wird im Chor gedankt.

»Gibt es weitere Grüße!« »Ja, ja, ja!« Eine ganze Schar junger Leute steht auf und stellt sich vor: »Wir kommen aus der Nachbargemeinde Saratow und wollen den Tag mit euch gemeinsam verbringen. Wir bringen Grüße von den Unseren mit, und wir grüßen euch mit folgendem Lied ...« Jemand hat die Gitarre dabei, das Lied wird vom Platz aus gesungen. Wieder folgt im Chor die Dankantwort der

Gemeinde. Aus dem Leitungskreis aber kommt die Begrüßung: »Das ist sehr schön, daß ihr gekommen seid und die Verbindung zu uns haltet. Wir grüßen euch herzlich und laden euch auch zur Mittagstafel ein!« Dem folgt ein erklärendes Wort an die Gemeindemitglieder: »Aus unserer Jugend sind für heute zehn Mann nach Süden gefahren, in die nächste Gemeinde – wieder einige hundert Kilometer entfernt –, um dort unsere Grüße zu überbringen.«

Mir wird bei dieser Grußstunde klar, daß hier der alte Brauch geübt wird, der schon in den apostolischen Briefen beschrieben wird, Verbindung untereinander zu halten. Das Grüßen wird fortgesetzt. Nun bin auch ich dran. Die um mich herum Sitzenden ermuntern mich. Ich stehe auf, nenne meinen Namen, mein Bekenntnis und mein Land – ein Raunen geht durch die Reihen – und grüße ebenfalls mit einem Bibelwort. Die Antwort der Gemeinde darauf ist deutlich lebhafter.

Mittagspause. Über mich aber stürzen nun nicht nur viele Gemeindemitglieder her, um mir die Hand zu schütteln, sondern auch dreißig junge Leute vom Chor: »Du mußt den restlichen Tag bis zum Abend gemeinsam mit uns verbringen!« Sie laden mich ein, zu einer bestimmten Familie zum Mittagessen zu kommen.

Die Hausfrau begrüßt uns mit den Worten: »Seid herzlich willkommen! Es paßt sehr gut, daß ihr kommen könnt. Wir haben gestern den Geburtstag des Töchterchens gefeiert. Fünfzig Gäste waren da. Wir hatten die Möbel in den Hof gestellt und mit langen Brettern im Zimmer Sitzgelegenheiten geschaffen. Das haben wir gleich für heute so gelassen, so daß für euch gut Platz ist. Auch unser Großväterchen ist angereist und sei euch hier vorgestellt.« Dann fordert die Hausfrau uns auf, auch unsere Namen und Berufe zu nennen. Dabei erfahre ich, daß in der Runde einige Lehrer sitzen, Arzthelfer, Ingenieure, Handwerker, Arbeiter, ein Kapitän und eine Dolmetscherin. Während des guten Essens mit fünf Gängen – das bedeutet bei dreißig Gästen 150mal Geschirr, zum Teil bei den Nachbarn ausgeliehen – wird das Mahl »kulturell« umrahmt. Im Zimmer gibt es ein Klavier und andere Musikinstrumente. Fast jeder liefert einen Beitrag, mit Lied, Musikstück oder Gedicht. Auch der Großvater wird zu einem Beitrag aufgefordert: »Ehrwürdiges Großväterchen, tun Sie uns die Liebe und lesen Sie uns etwas aus dem Evangelium vor!« Er liest uns den Bericht vom Einzug Jesu in Jerusalem. Es herrscht andächtige Stille. Nur das Klappern der Eßbestecke ist zu hören. Er liest mit ebensolcher emotionaler Beteiligung, wie ich es schon im Gottesdienst beim Gebet erlebt hatte. Die Textstelle, die berichtet, daß die Jünger Jesus auf den Esel setzten und ihm zujubelten, ergreift ihn so, daß er mehrmals im Text steckenbleibt vor innerer Bewegung. Zuletzt, als er das »Hosianna ...« verlesen mußte, versagt seine Stimme, er bricht in lautes freudiges Schluchzen aus, und es kommen ihm die Tränen. Die Zuhörer sind ebenso innerlich gerührt, daß mancher sein Eßbesteck niederlegen und zum Taschentuch greifen muß, um sich verstohlen die Tränen abzuwischen. Ich aber begreife: Das ist genau das, was wir leichthin »russische Seele« nennen. Es ist aber auch das, was für Außenstehende so einladend wirkt.

Auf der Arbeit – so erfahre ich – verleugnen sie ihren Glauben nicht. Sie erklären, warum sie an manchen Stellen anders handeln. Gleichzeitig laden sie ein: »Kommt doch einmal mit zu uns, da werdet ihr sehen, wie wir uns zu Hause benehmen, wie wir fröhlich und traurig sind, wie wir singen und wie wir die Bibel lesen.« Häufig ist diese Art des Zusammenseins dann für Gäste überzeugend und anziehend. Und die Gemeinde wächst.

Ich habe im darauffolgenden Jahr erlebt, wie 28 neue Gemeindemitglieder dazukamen und als Täuflinge in der Wolga untergetaucht wurden. Es war ein grandioses Gemeindefest.

Als ich im dritten Jahr wieder dabei war, war die Zahl der Gemeindemitglieder wiederum gewachsen. Es wurde gerade eine Hochzeit gefeiert. Auch das ist immer eine Angelegenheit der gesamten Gemeinde. Gefeiert wurde im Garten des Hochzeitshauses unter einem großen Zeltdach. 450 Gemeindemitglieder waren zu Gast, fünfzig halfen.

Baptistentaufe in der Wolga

Es wäre ein gutes Zeichen, wenn auch bei uns die Gemeinden von Jahr zu Jahr sichtbar größer würden und durch die Art des Umgangs miteinander einladender...

Nach dem abschließenden Abendgottesdienst fährt mich einer mit dem Auto wieder hinaus zu Iwan, damit ich nur pünktlich zu Hause sei. Dabei hat er dann auch noch listig aus mir herausgefragt, wann mein Zug in Richtung Heimat abfährt.

Iwan nimmt mich in Empfang. Mit keinem Wort erkundigt er sich, wie ich meinen freien Tag gestaltet habe. Das wird erst offenbar, als mich Iwan zum Bahnhof bringt und am Zug verabschiedet. Da geht plötzlich ein großes Geschrei los, man ruft meinen Namen, und es kommen mit großem Hallo junge Leute auf den Bahnsteig, die mich mit einem großen Tulpenstrauß verabschieden und mir unter Umarmungen nochmals Grüße aus ihrer Baptistengemeinde überbringen.

Iwan aber bemerkt dazu mit großer Verblüffung: »Schau, schau. Wie listig. Kaum hat man ihm Ausgang gegeben, war er gleich überall zu Besuch und hat sich mit dem halben Volk bekannt gemacht. So wird er gewiß wiederkommen!«

(1978)

Das doppelte Geschenk

Eigentlich wollte ich mit dem Rad in die Sowjetunion einreisen, aber an der Grenze zu Uzgorod ist nur der Übergang mit öffentlichen Fahrzeugen gestattet. Ein Fahrrad ist offenbar nicht öffentlich genug. Die slowakischen Grenzer machen mich schon vor dem Schlagbaum auf die wahrscheinlich zu erwartenden Komplikationen aufmerksam. Tatsächlich kommt es so. Als ich enttäuscht vom Übergang zurückkehre, geben sie mir aber eine Empfehlung. Ich solle bis zum Abend warten, da gebe es einen Linienbus, der täglich die Grenze ins große Land passiert. Vielleicht ließe der Busfahrer mit sich reden und nimmt mein Rad als Reisegepäck mit in den Bus. Voller Hoffnung warte ich auf den Abend.

Der Bus kommt pünktlich. Und diesmal scheine ich mehr Glück zu haben. Der Fahrer ist mir auf der Stelle gewogen. Er ist ein freundlicher Russe mit viel Verständnis,

Mit dem Rad bis runter nach Odessa

der offensichtlich schon bei so manchen Grenztragödien helfend eingegriffen hat. Er klemmt mein Vehikel irgendwo im Bus zwischen die Sitze, Platz ist bei nur acht Mitreisenden reichlich vorhanden. Beim Übergang zwinkert er mir zu: Es werde schon alles gut gehen mit meinem sonderbaren Reisegepäck. Es geht tatsächlich. Der Busfahrer legt ein gutes Wörtchen für mich ein, und der Zollbeamte läßt mein sperriges »Handgepäck« passieren.

Auf der anderen Seite brauche ich den Bus nun nicht mehr. Ich will mich beim Fahrer bedanken und verabschieden. Der winkt ab und meint: »Nicht der Mühe wert. Aber wenn du noch eine weite Reise vor dir hast, dann spare wenigstens heute den Weg ein und fahre die vierzig Kilometer bis zur Endhaltestelle mit!« Sein Angebot nehme ich gern an. Als ich am Reiseziel bezahlen will, winkt er wieder ab und lacht: »Ich hatte dich doch eingeladen. Die Fahrt ist mein Gastgeschenk.«

Das ist ein guter Auftakt für die Reise gewesen. Nun aber hat sich das Blatt augenscheinlich gewendet. An meinem heutigen Tagesziel sieht es recht hoffnungslos aus. Es regnet Strippen vom Himmel. Der Busbahnhof wird gleich abgeschlossen. Durch die Zeitverschiebung ist es hier zwei Stunden später, schon Schlafenszeit. Wo soll ich mir in dieser Unwirtlichkeit eine Bleibe für die Nacht suchen? Ich frage mich auf der Straße bei verspäteten Passanten zum Bahnhof durch. Vielleicht kann ich da die Nacht verbringen. Ein Hotel gibt es nicht.

Dann stolpere ich barfuß durch die Pfützen in die angegebene Richtung, wo der Bahnhof sein soll. Es regnet so stark, daß ich keinen Fahrweg erkennen kann und gehe deshalb neben dem Rad mitten auf der Straße, denn an der Seite platscht das Wasser von den Dächern. Bald merke ich, daß ich die Richtung zum Bahnhof verfehlt habe. Nun irre ich planlos durch die leeren Straßen einer dunklen, abweisenden Stadt, ohne Vorstellung, wo ich die Nacht zubringen soll.

Irgendwo ist noch ein Fensterchen erleuchtet, eine ältere Frau schaut gerade heraus. Ich rufe ihr aufs

Geratewohl zu – die Frage rutscht mir fast unbeabsichtigt heraus, ohne Hoffnung auf Reaktion –, ob sie nicht wisse, wo man auf einem trockenen Fußboden schlafen könne. Ihre Antwort, als habe sie darauf gewartet: »Na, bei uns. Aber nicht auf dem Fußboden, sondern auf dem Diwan. Warten Sie, ich komme gleich heraus.« Ich bin verblüfft. Das kam unerwartet. Nun schäme ich mich meiner Aufmachung: die Sandalen hatte ich an die Lenkstange gehängt, aus dem Regenumhang guckten von meiner vermummten Gestalt nur die nackten Stachelbeerbeine heraus, vom Kopf ist nur ein nasser, sehr schwarzer Bart und verklebtes Haar zu sehen. Ich bin überzeugt, daß ich in dieser Landstreicheraufmachung keinen besonders vertrauenserweckenden Eindruck mache.

Die Frau öffnet mir das Hoftor und hält mir zwei Lappen entgegen, einen für die nassen Beine, einen fürs Fahrrad, das gleich nebenan in die Garage gestellt wird. Mich führt sie ins Haus. Ich lenke nun selber entschuldigend ein: »Ich bin aber Ausländer!« »Na, dann brauchen Sie ja erst recht eine Bleibe für die Nacht. Kommen Sie nur weiter.«

Dann gibt sie mir ein Handtuch. Ich schäle mich aus meiner nassen Regenhülle und hoffe, mich bald in eine zivilisiertere Gestalt zu verwandeln. Während ich mir noch die Haare trocken rubbele, sagt sie: »Wissen Sie, warum ich Sie beherberge? Ich bin Christin, und da sollte es Prinzip sein zu helfen!« Als sie erfährt, daß ich Pfarrer bin, ist sie vor Freude ganz aus dem Häuschen. Sie glaubt mir sogar, obwohl in der Sowjetunion zum Pfarrerstatus ein wesentlich würdigerer Habitus gehört. Sie fragt mich: »Dann besitzen Sie wohl auch eine eigene Bibel? Haben Sie die mit? Ich möchte liebend gern wieder einmal in eine Bibel schauen können.«

Ich hatte eine dabei, eine russische, die ich an passender Stelle verschenken wollte. Hier schien mir die passende Stelle zu sein. Als sie die Bibel in den Händen hält, hat sie bald mich und ihre ganze Umgebung vergessen. Sie ist ganz versunken in sich, sagt Bibelstellen her, schlägt sie nach und liest sich dann mit freudiger Bewegung die

Texte vor. Ich frage sie nach einer Weile, ob sie nicht gern eine Bibel besitzen möchte? »Oh, sehr, sehr gern.« Aber Bibeln seien knapp. Sie wüßte nicht, woher sie eine bekommen könnte. »Und wenn ich Ihnen nun meine Bibel schenke?« »Nein, nein«, wehrt sie erschrocken ab, die brauche ich doch selbst. Ich müsse ja als Pfarrer unbedingt selbst eine Bibel haben. Da weise ich sie lachend darauf hin, daß dies doch eine russische Bibel sei, ich aber brauche doch eine deutsche.

Sie steht ungläubig da, kann das Angebot noch gar nicht fassen. Aber dann endlich begreift sie: »Ja, natürlich. Ich will sie, ich brauche sie.« Und sie streichelt die Bibel und dann mich. Und dann läßt sie ihrer Freude freien Lauf, sagt es jedem, der noch so spät nach Hause kommt, dem Mann, der Tochter, dem Enkel: »Seht nur, wir haben einen Gast und eine Bibel geschenkt bekommen!«

Am nächsten Tag darf ich natürlich nicht weiterfahren, ich muß noch bleiben. Sie führt mich in die Nachbarschaft, in die Kirche des Ortes und zu mehreren Bekannten. Und immer wieder höre ich dieselben Worte, daß ihr ein Gast und eine Bibel geschenkt worden seien. Erst am darauffolgenden Tag darf ich aufbrechen, verabschiedet mit vielen Umarmungen und beladen mit noch mehr guten Wünschen, mit reichlicher Wegzehrung und mit mehreren Adressen für die Übernachtungen auf der weiteren Reise.

Wer war denn nun eigentlich der Beschenkte?

(1979)

Drei Hörner im Kaukasus

Ich sitze im Zug, der mich wieder nach Ordshonikdse, der ossetischen Hauptstadt am Fuße des Kaukasus, bringen soll. Und wieder regnet es. Genauso wie im vorigen Jahr, wo ich hier gewesen war und die Berge doch nicht gesehen habe. Der berühmte Ausblick schon vom Bahnhof aus mit den Felsen hinter der Stadt, schwarz und drohend, dahinter das großartige Panorama der schneebedeckten Gipfel der Kaukasuskette – all das war mir im Vorjahr entgangen, verhüllt im Nebel. Ich mußte also unbedingt noch einmal hierher.

Nun sitze ich wieder voller Erwartungen im Zug. Je näher wir den Bergen kommen, je kleiner werden meine Hoffnungen. Wir fahren in eine trübe Wetterzone hinein. Am Bahnhof empfängt mich strömender Regen. Mißmutig suche ich ein Nachtquartier. Doch es gibt keinen offiziellen freien Raum mehr. Ich suche mir nach meiner bewährten Methode irgendwo im Gelände eine wilde Bleibe. Auf einer Baustelle sind große Betonröhren aufeinandergestapelt. Ich wohne in der zweiten Etage, wo ich es mir gemütlich mache. Draußen klatscht weiter der Regen.

So ganz daunenweich war mein »Bett« wohl doch nicht gewesen, ich wache sehr früh auf, die Sonne ist gerade erst aufgegangen. Aber ein klarer, reingewaschener Himmel wölbt sich über mir. In der klaren Luft kann man meilenweit sehen: hinter der Stadt die Felsen, schwarz und drohend, dahinter das großartige Panorama der schneebedeckten Gipfel der Kaukasuskette, gerade noch von der recht weit nordöstlich stehenden Sonne beschienen. Der ganze Berg funkelt in der weißen Schneepracht. Ich habe meinen schmerzenden Rücken vergessen, springe wie elektrisiert aus meiner Röhre und bestaune das Wunder der Natur. Gut, daß ich so früh aufgestanden bin. Denn etwas später, dem Vormittag zu, verblaßt das Bild immer mehr. Die Sonne wandert nach Süden und steht dann hinter den Bergen.

Ich stehe fasziniert davor, und in mir wächst die Sehnsucht: dort hinauf in die Berge muß ich unbedingt. Ich hatte etwas von der ossetischen Heerstraße gehört, die hier beginnen und über die Berge nach Kutaissi ins Georgische führen sollte. In der Stadt frage ich viele Leute danach, aber sie scheinen alle nur Salontouristen zu sein. Sie kennen die Berge nur aus der sicheren Ferne oder bestenfalls von bequemen Busfahrten her, oder sie fragen, was wolle ich denn da drüben, hier sei es doch viel schöner.

Endlich habe ich Glück und treffe einen Lehrer, der gleich bereit ist, mir zu helfen. Er widmet mir seine ganze freie Zeit, zeigt mir zunächst die Stadt, und ich erfahre, wie so häufig, die Gastfreundschaft, indem ich zum Essen eingeladen werde. Es macht ihm sichtlich Spaß, mir die Nationalgerichte aufzutischen und sich ständig zu erkundigen, ob es mir auch so gut munde wie ihm. Als ich ihn nach Christen frage, nimmt er mich mit zum Gottesdienst der Baptisten. Von seiner Tante hatte er von deren Existenz erfahren. Mein Besuch ist ihm Anlaß, sich endlich einmal dort sehen zu lassen. Wir werden beide freundlich aufgenommen, und es gefällt dem Lehrer dann so gut, daß er sich vornimmt, von nun an öfter die Gemeinde zu besuchen.

Später diskutieren wir den Plan, wie ich in die Berge komme. Mein Gastgeber ist im Dörfchen Alagir aufgewachsen. Dort hat er noch einen Freund, bei dem ich übernachten könnte. Von Alagir aus soll dann das Unternehmen Bergwanderung gestartet werden. Der Ort liegt am Fuße der Berge, von da steigt die Heeresstraße steil ins Gebirge hinauf.

Mit dem Taxi fahre ich die 50 Kilometer nach Alagir zum Freund des Lehrers. Ich werde herzlich aufgenommen und scheine besonders bei der alten Großmutter Gefallen zu finden. Sie lacht mich ständig an und schäkert zuweilen mit mir oder kritisiert an mir herum. Zwei Dinge sind ihr besonders absonderlich: meine offenen Sandalen – nackte Füße zu zeigen, ist ein wenig skandalös. Und mein Vollbart – in der Gegend nicht üblich – verlockt sie immer wieder, in einem unbeobachteten Moment schelmisch daran herumzuzupfen. Leider können wir uns nur mit Zeichensprache verständigen, sie beherrscht als Ossetin kein Russisch. Beim Abendessen erlebe ich mit ihr noch einen Spaß.

Die Einladung zum Gastmahl ist für uns Uneingeweihte meist eine sehr anstrengende Sache. Weil man so viel Wodka trinken muß (100 Gramm auf Ex als Begrüßungstrunk sind unerläßlich), sollte man vorher etwas reichlicher essen, um eine gute Grundlage zu haben. Weil aber das Essen mit viel Fett zubereitet wird, muß man wiederum ein wenig Wodka trinken, damit sich das Fett verteilen kann. Da man aber immer wieder trinken soll – die vielen Toasts nehmen kein Ende – muß man sich wiederum eine Essensgrundlage schaffen, damit die bekömmlicher ist, muß man trinken. Und dann pflegte es nach einer solchen Tortur manchmal noch zu heißen: Nach diesem kleinen Imbiß gehen wir jetzt zu meinem Bruder, dort sind wir zum Abendessen eingeladen.

Jetzt sitze ich an einer reich gedeckten Tafel, vor mir das verhängnisvolle Wodkaglas, denke mit Grauen an das Kommende und möchte mich eigentlich etwas vor der Verantwortung drücken. Deshalb erzähle ich etwas von einem kranken Magen. Darum könne ich nur ein kleines Gläschen trinken. Aber das war genau das falsche Argument. Denn für den kranken Magen wäre gerade Wodka das Wundermittel, deshalb müsse ich besonders viel trinken, das helfe gut. Ich versuche, mich mit noch anderen kranken Organen herauszureden, bringe die Berge ins Spiel, in die ich am nächsten Morgen doch wolle, wofür ich meine Kräfte brauche. Nach langem Gelächter einigen wir uns gütlich und belassen es bei 50 Gramm. Als ich damit meinen Toast auszubringen habe, erhebe ich ihn zu Ehren der Großmutter. Ich bitte den Gastgeber zu übersetzen, ich wolle auf ihre Gesundheit trinken. Und was gibt sie mir zur Antwort? Sie übersetzen es mir, prustend vor Lachen: »Ach, mit nur einem halben Glas? Da wird's mit meiner Gesundheit nicht viel werden!«

Großartige Gastfreundschaft. Was ich am Abend von all den Herrlichkeiten der überreichen Tafel nicht geschafft hatte, wird mir am Morgen als Proviant eingepackt. Dann ziehe ich los, schwer beladen mit Brot, Fleisch, gekochten Eiern, Gläsern voll Gekochtem und Flaschen voller Säfte und stärkeren Getränken. Sogar Besteck und Servietten hatte man liebevoll dazugelegt, ebenso Salz und Gewürzkräuter: »Du hast einige hundert Kilometer vor dir. Wenn du jeden Tag fünfzig schaffst, kommst du mit dem Essensvorrat einige Tage weit«, hieß es zum Abschied. Der Freund des Lehrers begleitete mich zum Bus, kaufte mir einen Fahrschein zur Endhaltestelle fünfzig Kilometer weiter in den Bergen. Und dann wird mir noch lange nachgewinkt.

Das letzte Dorf oben im Gebirge ist das Ziel der Busreise. Ich wandere allein in die Landschaft, immer bergauf. Neben mir ein noch recht breiter Gletscherfluß mit hellblauem Wasser. Ich überlege: Wenn er zum Rinnsal geworden ist, bin ich endlich in der Nähe des Passes. Wieviele Tage werde ich wohl brauchen?

Allmählich wird mir mein umfangreiches nahrhaftes Gepäck lästig. Ich komme mir vor wie ein Lastesel. Ob ich nicht umpacken und wenigstens die Saftflaschen austrinken sollte? Der Fluß wird mich ja weiter begleiten, und es wird mir an Trinkbarem nicht mangeln. Ich lasse mich auf einer Wiese nieder und breite meine Schätze auf einer großen Serviette aus. Als ich gerade von diesem und jenem probiere, höre ich ein Auto herantuckern. Vier Burschen springen heraus und betrachten verwundert mein »Tischlein deck dich«. Auf meine Aufforderung hin langen sie kräftig zu. Wohin ich denn wolle, fragen sie. Nach Georgien? Das sei noch sehr weit. Und was wolle ich denn da drüben, hier sei es doch viel schöner! Den Satz kenne ich bereits. Ob ich nicht Lust hätte, mit ihnen zu fahren.

Der Autobesitzer ist ein Einheimischer. Er hat drei Freunde aus Aschchabad zu Gast, denen er die Berge zeigen will. Ich solle ruhig mitkommen, sie können ja durchaus in die Nähe des Passes fahren, soweit der Weg mit dem Auto passierbar sei. Der Gedanke begeistert mich natürlich. Ich lasse mich für den Vormittag eingliedern in eine lustige Runde, die drei anderen Gäste aus der turkmenischen Wüste bestaunen genauso wie ich die Schönheiten der Berge. Wenn uns Reiter entgegenkommen, machen wir mit ihnen ein Schwätzchen. Da, wo der Fluß zu einem flachen Flüßchen geworden ist, haben meine Begleiter ihr Ziel erreicht. Hier wollen sie angeln und baden. Vor uns liegt ein aufsteigendes Tal, umrahmt von Schneebergen, deren Gipfel zum Greifen nah scheinen. Ich verabschiede mich. Sie erklären mir noch, daß dort oben das Flüßchen seinen Quell habe und ich bei dem kleinen Einschnitt der Berge den Paß finden würde, der mich nach Georgien führen soll.

Ich gehe allein weiter, etwa in 2.500 Meter Höhe. Das Hemd habe ich weggepackt, die Mittagssonne scheint mir wohltuend warm auf die Schultern. Ein Reiter kommt mir entgegen. Den halte ich an und erkundige mich nach dem Weg. Nach Georgien wolle ich, fragt er, was ich denn da wolle, hier sei es doch... Den Rest kennen wir bereits. Genau weiß er den Weg auch nicht. Die Heerstraße winde sich in vielen mühsamen Schlingen nach oben, sei oft zugewachsen oder verschüttet. Ich solle lieber abschneiden, rät er mir. Wenn ich zum Beispiel den Wiesenhang einfach heraufstiege, wäre ich in einer Stunde oben und könne Ausschau nach dem Weg auf der anderen Seite halten und hätte ihn nach einer weiteren Stunde erreicht. Drüben würde ich gewiß bis zum Abend ein Dorf finden, in dem ich übernachten könne. Und dann fügt er hinzu: »Siehst du dort oben die kleinen Punkte? Das sind Schafherden. Die Schafe kennen die schneefreien Stellen. Daran kannst du dich orientieren, wenn du über den Paß willst.« Das hört sich alles ganz einfach an. Ich bedanke mich und steige nach seinen Anweisungen drauflos. Nach einer Stunde hätte ich oben sein müssen. Ich merke zwar am zurückgelegten Weg, daß ich schon ein ganzes Stück geschafft habe, der Weg nach oben aber zugleich mitgewachsen zu sein scheint. Die Berggipfel stehen jedenfalls noch unverändert weit entfernt. Ich steige eine zweite Stunde. Der Kamm kommt mir nun tatsächlich näher vor, aber ich werde wohl noch eine reichliche Zeit dorthin brauchen. Hinter mir im

Tal entdecke ich eine kleine Hütte. Die behalte ich im Auge, für den Fall, daß ich die Überquerung nicht schaffe und eine Bleibe für die Nacht brauche. Nach einer weiteren Stunde komme ich in die Nähe des Schnees und nehme das Bimmeln der Glocken einer Schafherde wahr.

Da höre ich plötzlich jemanden rufen. Hinter einem Felsvorsprung kommt ein Hirte auf mich zu. Er fragt sehr verwundert – erst auf ossetisch, dann auf russisch – was ich denn hier oben so ganz allein suche? – Ich wolle nach Georgien? Hierlang führe kein Weg nach Georgien. Der Paß sei 30 Kilometer weiter rechts. Hier kämen nach den Bergen immer wieder neue Bergketten, aber kein Weg ins Tal. Ich müsse umkehren. Außerdem, was wolle ich da drüben... Seine Auskunft bestürzt mich ein wenig. Und er spottet noch ein bißchen weiter: Wenn ich so allein wandere, ob ich mich da auch verteidigen könne. Drüben auf den Südhängen gäbe es Wölfe. Und was würde ich denn tun, wenn ich einem Bären begegnete? Ob ich denn ein Taschenmesserchen dabei hätte? Na, ich solle erstmal ein Schlückchen trinken auf die Ernüchterung. Er reicht mir die Flasche. Aber ich lehne ab, ängstlich sehe ich hinter mir die gähnende Tiefe.

Der Hirte lacht: »Hast du Angst vor der Höhe?« – »Ja, ein bißchen, zumindest mit Alkohol im Blut«, gebe ich zu. »Na, wenn du hier auf der sanften Weise schon ängstlich bist, was willst du dann erst auf der anderen Seite machen? Da geht's steil ab. Am besten du kehrst wieder um. Außerdem kommt heute nachmittag noch ein Unwetter, da mußt du weg sein von der Höhe.« Seine Argumente sind zum einen einleuchtend, aber zum anderen glaube ich auch nicht alles, was er mir vorunkt. Was sollte denn bei diesem herrlichen Sonnenschein auf Unwetter deuten? Umzukehren hätte mir die ganze Reiseroute verdorben. Ich hätte mit der Bahn die ganze Strecke zum Kaspischen Meer zurückfahren müssen und ab da umständlich weiter. Die paar Meter über den Paß trennten mich von der anderen Verbindung: Kutaissi – Sotschi – Kiew – Heimat. Ich mache also gute Miene, erwäge aber insgeheim, seine

Paßwanderung im Kaukasus

Ratschläge zu umgehen. Wir reden noch eine halbe Stunde miteinander. Aus seiner Hirtentasche holt er Brot und Käse heraus. Er ist eigentlich umgänglich und freundlich. Dann meint er: »Ich habe den Eindruck, du glaubst mir nicht. Aber das wird sich gleich ändern. Sieh das kleine Wölkchen, das sich da am Himmel zeigt. In einer halben Stunde wird der Himmel ganz überzogen sein, dann wirst du mir glauben.« Er macht mir den Vorschlag, gleich umzukehren und mit ihm in die Hütte im Tal zu kommen. »Wir müssen uns vor dem Unwetter retten. Morgen früh wirst du dann mit einem Bergführer losziehen. Ich kenne eine Touristengruppe, die morgen über den richtigen Paß wandert.«

Sein Vorschlag gefällt mir, und ich stimme zu. Ich soll schon alleine vorausgehen bis zum Rastplatz der Pferde. Er wolle seinen Kollegen Bescheid sagen, daß er die Herde verlasse. Er gibt mir seinen Bergstock, damit ich besser vorankäme. Dann steige ich auf die Hütte zu, die ich schon immer im Blick gehabt hatte. Als ich bei den Pferden ankomme, ist der Hirte schon längst da. Leichtfüßig war er über die Steine eine Abkürzung ins Tal gesprungen. Ich werde auf ein Pferd gesetzt und weiter geht es. Oh, ich mache keine gute Figur auf meinem Gaul, halte mich recht krampfhaft fest, vor mir die Tiefe, der ich so hochbeinig zustrebe. Dabei mache ich die bestürzende Erfahrung, daß ein Roß vier Beine hat und damit vier Möglichkeiten um zu stolpern. Ich halte es für besser, zu Fuß zu gehen. Mein Begleiter hatte längst mitbekommen, daß ich nicht der mutigste Bergreiter bin, und er erlaubt mir nachsichtig den Fußmarsch. Dabei muß er immer wieder die großen Hunde von mir fernhalten, die mich sehr mißtrauisch knurrend umschleichen. Dadurch geht der Abstieg nur langsam voran, und wir erreichen nicht mehr rechtzeitig die Hütte. Einige hundert Meter davor bricht der Regen mit einer solchen Macht los, daß ich umgehend durchgeweicht bin. Als nasses, frierendes Bündel trete ich in die Hütte ein. Dort haben sich schon die anderen Hirten versammelt, fünfzehn Männer aller Altersgruppen. Mein Begleiter stellt mich vor. Der Älteste in der Runde begrüßt mich freundlich. Und sein Wort ist für die anderen Gebot. In der Mitte des Raumes brennt ein offenes Feuer, darüber hängt ein großer eiserner Kessel mit Suppe. Auch meine nassen Kleidungsstücke werden ans Feuer gehängt, ich erhalte dafür trockene zottelige Fellbekleidung. Darin sehe ich ganz zünftig aus und passe nun gut in die Runde der Hirten, werde auch als einer der Ihren aufgenommen. Mir zu Ehren reden sie jetzt russisch, damit ich auch an den Gesprächen teilnehmen kann.

Draußen tobt das Unwetter. Ab und zu geht die Tür auf, neue triefend nasse Gäste kommen herein. Drinnen wird gemütlich gefeiert. Das heißt, den späten Nachmittag und Abend gestalten sie als niveauvolles Kulturprogramm. Es wird mehrstimmig gesungen, dazwischen wir reihum erzählt. Zuerst sind es die notwendigen Informationen über die Herden, über den Stand der Weiden und über das Wetter, dann folgen Schnurren und lustige Begebenheiten aus der Umgebung. Zuletzt sind sie in der Vergangenheit angelangt. Sie entschuldigen sich bei mir und erklären, jetzt kämen alte ossetische Volkssagen, die man nicht auf russisch erzählen könne. Aber es handele sich um jenen tapferen Ritter und um das wunderschöne Mädchen ... Zwischendurch wird wieder gesungen. Auch ich muß ein Lied aus meiner Heimat vortragen. Es findet Beifall. Ich soll noch mehr bieten. Der Alte lobt mich, die anderen haben es ihm gleichzutun. Hoffentlich bleibt es beim Vorsingen, nicht, daß sie mich auch noch auffordern, etwas vorzutanzen. Der Alte ist mir gewogen, folglich sind es die anderen auch. Bei der Rangfolge herrschen strenge Sitten. Einmal erlebe ich, wie einer seinen Nachbarn heimlich ermahnt, er solle nicht so ungehörig lachen, der Alte habe schon strafend herübergeschaut.

Während der ganzen Zeit geht das große Kuhhorn herum, in der Ecke steht ein Kanister, aus dem immer wieder ins Horn nachgefüllt wird. Jeder, der an der Reihe ist, erhebt sich feierlich und bringt seinen Toast aus, der nach einem strengen Ritus nach Rang und Reihenfolge zu gehen scheint. Man trinkt unter anderem auf den Frieden in der Welt, auf die Altvorderen, auf die Jungfrau Maria, auf Kennedy und natürlich auf die Berge, auf die Heimat und auf die Freundschaft. Bei jedem Wunsch ertönt die Zustimmung aus der Runde: »Ja, ja, darauf trinken wir!« Amüsiert verfolge ich die umständlich feierliche Prozedur. Aber mit Besorgnis merke ich auch, daß das Horn immer näher kommt. Dann bin ich dran. Ich versuche es mit Ausflüchten. So ein großes Horn, das gewiß 150 Gramm der unbekannten Flüssigkeit faßt, bewältige ich nicht. Ich wolle doch morgen in die Berge, da brauche ich meine Kräfte. Ich sei auch nicht so ein Schrank von Mensch mit strotzender Gesundheit. Ob man mir nicht nur ein halbes Hörnchen gewähren wolle? Da wird Empörung laut. Mein Nachbar erklärt mir freundschaftlich auf die Schulter klopfend: »Nein, so etwas gibt es nicht. Du bist unser Gast und da hast du dich auch der Gastfreundschaft würdig zu erweisen! Wenn dir der Alte das Horn anbietet, gibt es keine Widerrede. Auch wir wagen nicht, dem Alten zu widersprechen. Also, trink dein Horn!« Ich habe immer noch

Einwände. Wenn ich nun nach dem Horn »schwarz« – das heißt betrunken – umfalle, was wollten sie dann mit mir anfangen? Sie lachen: »Du wirst es überstehen. Das Getränk ist in den Bergen selbstgemacht worden. Es ist sehr rein und gesund. Außerdem kennen wir Mittel, mit denen du über die Runden kommst. Trink endlich dein Horn!« Also denn – ich ergebe mich. »Bravo«, schreien sie, jemand gibt mir eine Knoblauchzehe, ein anderer eine Birne, der nächste ein Glas Narsan, eine köstliche Naturselter aus den kaukasischen Bergen.

Zunächst brennt mir freilich der Hals, und es schwimmt mir ein wenig vor den Augen, aber die Zusatzgaben helfen offensichtlich. Ich fühle mich nun enorm mutig. Stolz sitze ich in der Runde und verfolge das Kulturprogramm mit Genuß. Mein Lied bringe ich mit Bravour über die Bühne.

Allmählich vergeht mir jedoch das Vergnügen, der Kanister scheint ein Faß ohne Boden zu sein, und das zweite Horn kommt immer näher. Ich winde mich wie ein Aal, aber nichts hilft. Wieder folgen viele Bravorufe und die zusätzlichen Gaben, dazu etwas Nudelsuppe mit Fleisch aus dem Kessel. Und wieder brennt meine Kehle, diesmal etwas stärker. Wieder schwimmt mir's vor Augen, diesmal wesentlich mehr. Das dritte Horn nehme ich willenlos in Empfang. Ablehnen ist sowieso zwecklos. Ich füge nur noch hinzu: »Wenn ich nun auch dieses Horn getrunken habe, helfen selbst die Wundermittel nichts mehr.« – »Na gut, dann bist du eben schwarz!« lautet die Antwort. – »Und wie soll ich morgen über die Berge kommen?« – »Sei unbesorgt, du kommst über deine Berge. Aber trink. Wenn du dann besoffen bist, dann bist du es eben. Dann legst du dich auf das Sofa. Wir wollen gerne auf dem Fußboden schlafen. Aber trink dein Horn!« Ich meine dann noch, bevor ich nun gleich besoffen sei, müsse ich mich noch von allen verabschieden. »Na, dann tu es!« sagten sie. Mit feierlicher Miene gehe ich herum, gebe jedem die Hand und bedanke mich für die Gastfreundschaft. Alle spielen das Spiel mit dem nötigen Ernst mit. Dann trinke ich mein Horn, lege mich aufs Sofa und bin sofort entschlummert, aber begleitet von

Angstträumen, daß ich nicht herausfalle, weil mein Bett rumpelnd über die Berge fährt.

Am anderen Morgen werde ich pünktlich und sechs Uhr geweckt: »Los, Friedrich, aufstehen. Die Wanderung beginnt bald. Mach dich fertig!« Sofort bin ich hellwach, mein Kopf ist klar und schmerzfrei, auch der gestrige Abend ist mir noch gegenwärtig. Nur der Mann, der mich geweckt hat und mit Namen anspricht, der ist mir unbekannt. Wo kommt dieser Fremde her? Ich grüble, versuche mich an sein Gesicht zu erinnern. Da lacht er spöttisch: »Ja, ja, Friedrich, so ist das, wenn man ossetische Gastfreundschaft genießt.« Aber nicht nur der Mann ist mir unbekannt, sondern auch die Umgebung. Ich liege in einem weiß bezogenen Bett. Neben dem Bett ein Stuhl, über die Lehne sind säuberlich meine Sachen gehängt. Wie komme ich denn in dieses Zimmer? Ich schnelle aus dem Bett und sehe mich ganz erschrocken um. »Ja, Ja, Friedrich«, grinst der Unbekannte vieldeutig und klärt mich lachend auf: »Damit du im Bilde bist. Ich bin der Bergführer, du bist hier in einer Bergtouristenstation. Die Hirten haben dich heute nacht mit dem Lastwagen hierhergebracht. Sie haben 20 Kilometer weiter oben ihr Lager. Sie haben für dich alles

Über schneebedeckte Höhen führt der Weg nach Georgien

bezahlt und die Formalitäten erledigt, so daß du heute mit der Touristengruppe über den Paß wandern kannst. Dort haben sie dir noch einen Beutel hingelegt mit Knoblauch und Birnen. Mach dich fertig. Wir erwarten dich draußen im Vorraum zum Frühstück.« Als ich später – noch etwas benommen – in den Vorraum trete, sitzt eine Gruppe von 35 Leuten am Frühstückstisch, alle sind still, voller Erwartung, dann prusten sie mir ein fröhliches »Guten Morgen, Friedrich« entgegen.

Ich bin eingeladen, mit einer der Touristengruppen über den Paß in den Bergen zu wandern. Es sind russische Wissenschaftler aus der Gegend um Rostow. Mit ihnen finde ich schnell freundschaftlichen Kontakt. Es gibt viel zu erzählen und zu lachen. Natürlich wollen sie alle Einzelheiten meines Hirten- und Hornerlebnisses erfahren. Sie genießen es, einmal dem Streß der Arbeit entronnen zu sein und die Schönheit der Berge erwandern zu können. Für jede Kleinigkeit sind sie aufgeschlossen.

Die Wanderung über den Paß ist nicht schwer. Außerdem gehen wir ohne Gepäck, das tragen die Pferde vor uns her. Vorm Paß rasten wir noch einmal und genießen die Ruhe der Berge, lassen das großartige Panorama auf uns wirken: den tiefblauen Himmel, den weißen Kamm des Gebirges, zu Füßen eine Wiese mit Glockenblumen, die das ganze Tal blau erscheinen lassen. Der Weg über die Höhe ist für Touristen vorbereitet. Aus dem Schnee ist ein Tunnel herausgefräst, durch den man bequem gehen kann.

Der Abstieg gestaltet sich dann immer lieblicher. Weit oben weht noch die kühle Luft von den Gletschern herüber, aber je tiefer man kommt, um so üppiger werden die Blumen auf den »Alpenwiesen«. Man läuft stundenlang nur durch Blumenbeete. Die Tour ist so bemessen, daß wir genau um 17 Uhr am Südlager eintreffen sollen. Vorm Ziel müssen wir die Kleidung ordnen, alle haben den freien Oberkörper schicklich zu bedecken.

Wir treten in Zweierreihe an und ziehen singend ins Lager. Dort steht zum Spalier bereits die Gruppe vom Vortage, um die neuen Wanderer zu empfangen. Alle haben

Im typisch kaukasischen Hirtenmantel

ein Glas mit grusinischem Wein in der Hand, das uns Neuankömmlingen gereicht wird.

Für mich geht nun die freundliche Begegnung zu Ende. Ich verabschiede mich, denn ich will weiter hinab ins Tal nach Kutaissi. Am Südlager beginnt eine Straße. Vielleicht habe ich Glück und kann per Autostopp fahren. Tatsächlich nimmt mich gleich jemand mit, aber nur eine kurze Strecke bis ins nächste Dorf. Dann ist mein Trampglück zu Ende. Am Abend scheint niemand mehr unterwegs zu sein. Ich wandere mutterseelenallein auf der leeren Landstraße, links der tosende Fluß, rechts die steil aufragende Felswand. Hier gibt es keine Betonröhren, wo ich mein Nachquartier aufschlagen könnte.

Da kommt endlich aus der Ferne doch noch ein Lastauto angebraust. Ich stelle mich rechtzeitig mitten auf die Straße, um nicht übersehen zu werden. Aber das Auto hält schon vorher an. Großes Geschrei: »Friedrich! Komm, steig auf!« Drei Leute aus der Wandergruppe wollen auch ins Tal zum Meer. Im Ort hatten sie den Fahrer aufgetan und ihm erklärt, daß unterwegs der Friedrich zu finden sei, der unbedingt mitgenommen werden müsse. Der Fahrer ist ganz froh, noch einen Helfer zu haben, denn er nimmt einen kleinen Umweg seitlich in die Berge zu seinem Heimatort, um zu Hause Kleie abzuladen. Wir helfen gern. Er lädt uns noch kurz ein in sein Haus, um die Gastfreundschaft zu pflegen, bewirtet uns mit trockenem Brot und Wasser. Die Einfachheit der Gabe verwundert uns zwar ein wenig, aber er reicht sie uns mit solch königlicher Hoheit, daß wir uns alle bedanken, als hätten wir ein fürstliches Mal bekommen.

Unterwegs zum Tal hält er an einer Raststätte mit Gasthaus an. Andere Lastwagen haben dort ebenfalls geparkt. Er scheint deren Fahrer zu kennen. Mit Hallo begrüßt man ihn und auch uns, nachdem wir vorgestellt wurden. Jetzt kommt der Nachtisch zum Brot und Wasser. Er lädt uns zum Abendessen ein. Draußen auf der Bergterrasse wird ein Hammel am Spieß überm offenen Feuer gebraten. Die lärmende Schar will ihn verzehren. Die zwei Mädchen aus der Wandergruppe hatten dem Fahrer unterwegs meine Geschichte mit den drei Hörnern erzählt und daß ich in der Hirtenrunde gesungen habe. Das findet nun hier seine Wiederholung. Der Fahrer prahlt vor den anderen Gästen etwas mit seiner Gästefracht: »Ich habe hier einen dabei, der kann singen. Los, Friedrich, sing uns was! Wir belohnen dich auch!« Ich tue es gern, vor dieser großartigen Bergkulisse und der andächtig lauschenden Zuhörerschar. Ich schmettere wunschgemäß italienischen Belcanto-Gesang. Was aber ist der Lohn? Hätte ich das vorher gewußt, hätte ich sicher nicht gesungen. Jeder der Fahrer spendiert mir 100 Gramm Wodka. Die Mädchen aber jubeln; es würde wieder so wie mit den drei Hörnern. Aber im Stillen raunen sie mir zu, ich solle nur unbesorgt sein, sie managen das schon. Ich soll nur noch mit dem Trinken warten, Und als die Männer noch mal alle aufgestanden waren, um nach draußen zu gehen, zum Händewaschen, wie sie sagen, kippen die Mädchen den Wodka schnell über die Brüstung und füllen die Gläser mit dem Blumenwasser der Vasen auf dem Tisch auf. Als die Männer zurückkommen, stoße ich tapfer an – angedenk der drei edlen Hörner mit Selbstgebranntem – nun drei Gläser mit abgestandenem Blumenwasser. Na, dann Prost!

(1981)

Miriam und die Wölfe

Die kleine Miriam habe ich in Tbilissi kennengelernt, als ich ihren Vater besuchte, und sie gleich in mein Herz geschlossen. Leider konnte ich mich mit ihr nicht verständigen, sie sprach nur georgisch. Russisch wurde in der Schule erst ab der fünften Klasse gelehrt, Miriam aber ging noch nicht einmal zur Schule. So muß ich mir selbst ausmalen, wie sie die vier Tage, die wir gemeinsam mit ihrem Vater, den sie Mami nennt, und mit Nelly, der Nachbarin, in den Bergen ihrer schönen georgischen Heimat gewandert sind, erlebt und empfunden haben könnte:

In der Wohnung ist heute ein richtiges Durcheinander. Überall stehen Tüten voller Feigen, Pfirsiche, Tomaten und Gläser mit eingekochten Pilzen und Gurken. Anziehsachen werden in drei große Rucksäcke gestopft. Der Mami hat die alten Hosen an und probiert gerade seine großen Stiefel über. Die Mutter macht uns noch ein ordentliches Frühstück fertig, bevor sie zur Arbeit geht. Aber Nelly, die auf unserer Etage gleich nebenan wohnt, ist wieder da und hilft beim Einpacken. Auch sie hat alte Wandersachen angezogen und probiert gerade ein Kopftuch. Sie sieht ganz anders aus als sonst. Mir hat man heute wieder meinen alten roten Strickanzug angezogen, der an den Knien schon gestopft ist.

Der fremde Mann ist ganz aufgeregt und spricht immerzu. Mami und Nelly reden mit ihm Russisch. Das verstehe ich nicht. Als wir mit Essen und Einpacken fertig sind, sammeln wir alles Gepäck draußen im Korridor vorm Fahrstuhl. Du meine Güte, ist das viel! Es paßt gar nicht alles in den Fahrstuhl. Die drei großen Rucksäcke müssen wir übereinanderstellen und Mami setzt sich noch obenauf. Unten im Brotladen kauft der Mami noch drei große Brote, die passen nicht mehr ins Gepäck. Jeder trägt eins unterm Arm. Dann hält Nelly ein Taxi an, wir laden alles ein. Die Fahrt ist weit. Zwischendurch steigen wir noch oft

Miriam inmitten einer Almwiese

um, fahren mit dem Bus, dann wieder mit dem Taxi... Im Bus ist es sehr eng. Ich sitze beim Mami auf dem Schoß, manchmal auch bei Nelly, die habe ich auch sehr gern. Aber zu dem fremden Mann gehe ich nicht. Einmal wollte er mir ein Bonbon geben. Das habe ich natürlich nicht genommen.

In einem Dorf steigen wir endlich aus. »Wir sind am Ziel«, sagt Mami, »nun laßt uns wandern!« Die Dorfjungs sind auch gleich da, einer fragt mich, wohin wir wollen. Ich weiß es nicht. Dann fragt er den fremden Mann, doch der wackelt nur mit dem Kopf, weil er die Frage nicht verstanden hat. Nelly sagt dann: »In die Berge!« Da staunen die Jungen. Sie zeigen uns die Dorfstraße, die in die Berge führt und begleiten uns sogar ein Stück. Der fremde Mann will uns fotografieren. Die Jungen lachen und wollen alle aufs Bild. Sie stellen sich stramm hin, jeder will vorne stehen. Dann gehen sie zurück.

Wir steigen auf einen Berg, dort steht eine ganz alte Kirche. Der Mami will sie dem Fremden zeigen. Sie ist nicht so schön wie die zu Hause, wo der Mami jetzt arbeitet. Sie ist schon ein bißchen eingefallen und innen leer. Aber es riecht darin genauso gut nach Weihrauch, wie in den Kirchen in Tbilissi.

Der Fremde fotografiert die Kirche, dann mich vor der Kirche. Nelly hat mir dafür extra das Kopftuch abgenommen und mich gekämmt. Und dann lacht der Mami den Fremden aus, weil der nämlich etwas Falsches fotografiert hat: den Esel und immer nur Blumen. »Nein«, sagt Mami, »das Kraut braucht man doch nicht zu fotografieren, das gibt es doch überall. Dafür ist der Film viel zu schade.« Mich will der Fremde dann auch knipsen, aber ich habe mich schnell weggedreht.

Wir begegnen auf unserem Weg großen Ziegen- und Schafherden. Die Ziegen haben lange weiße und braune Haare. Die gefallen mir. Ich darf sie auch mal streicheln. Plötzlich kommt ein großer böser Hirtenhund angerannt. Mami und Nelly schreien dem Fremden zu, er solle sich schnell hinsetzen. Aber vor Schreck wissen sie nicht gleich das richtige russische Wort. Er versteht sie nicht und steht noch immer ganz ängstlich da. Da werfen sie ihn einfach um, noch ehe der Hund heran ist. Als wir alle sitzen, sieht der Hund ganz freundlich aus. Aber er läßt uns nicht wieder aufstehen. Als der Fremde aufstehen will, knurrt der Hund böse, so daß er sich schnell wieder hinsetzt. Mami ruft dann laut nach dem Hirten. Als der kommt, hält er den Hund fest, und wir können weiter wandern.

Wir sind noch lange gewandert, bis zum Abend. Am Waldrand, wo die Berge steil in die Höhe gehen, wollen wir bleiben und stellen hinter einem Busch unser Zelt auf. Ich helfe tüchtig mit. Ob wir wohl alle vier ins Zelt reinpassen?

Nachdem wir fertig sind, gehen wir noch ein Stück den Berg hinauf, weil uns Mami noch ein altes Kloster zeigen will. Die Sachen lassen wir im Zelt, Mami meint, hier gebe es keine Diebe. Aber dann sind wir doch sehr erschrocken, als wir am Kloster Leute treffen in der Dunkelheit. Aber als wir näher kommen, schreien und lachen alle durcheinander, weil wir sie erkannt haben. Es sind Bekannte. Jana ist auch ein Mädchen wie ich, ihre Eltern arbeiten mit Nelly im Arzneimittelwerk in Tbilissi. Den Großvater, der noch mit dabei ist, kennt Mami aus der Kirche. Sie haben mit dem Auto eine Ausfahrt hierher gemacht. Sie laden uns ein mitzufahren, um bei ihren Freunden zu übernachten. Früh wollen sie uns wieder herbringen. Ihr Auto steht genau vor dem Busch, hinter dem wir unser Zelt aufgebaut haben, als plötzlich ein Regenguß herabprasselt. Wie gut, daß unser Zelt schon steht.

Wir warten, bis der Regen vorbei ist. Die Männer haben inzwischen Holz gesammelt und draußen ein großes Feuer gemacht, damit das Zelt wieder trocken wird. Alle sitzen ums Feuer herum, packen ihr Essen aus. Wir haben ja sehr viel mit, unsere Bekannten legen noch Gurken, Melonen und Trockenfische dazu. Der Fremde hat eine ganze Tüte voller Quarktaschen. Aber Mami und Nelly sagen, die solle er alleine essen. Er hätte doch weiter nichts zum Essen mit, außer seinen vier Müslitabletten und ein paar Bonbons.

Die Bekannten holen noch eine Flasche aus dem Auto, aus der alle reihum trinken. Nur ich darf nicht. Na, ich weiß schon Bescheid. Sie sind sehr lustig geworden, haben viel gelacht und gesungen. Auch der fremde Mann hat etwas gesungen und alle haben geklatscht. Wir haben noch sehr viel Krach gemacht, und ich durfte sehr lange aufbleiben. Dann schlief ich mit Jana und den Frauen im Zelt, die Männer lagen davor.

Als ich am nächsten Morgen munter wurde, waren unsere Bekannten weg, und die Sonne schien schon warm. Nelly hat mich unten am Fluß gewaschen. Mami und der fremde Mann haben wieder Feuer gemacht, und wir haben lustig gefrühstückt. Ehe wir losgehen, fragt der Fremde Nelly, ob er seine kurzen Hosen anziehen darf. Sie hat nichts dagegen, aber nur ausnahmsweise, weil wir im Wald sind und keine anderen Leute treffen werden. Mit den kurzen Hosen sieht er ganz ulkig aus, gar nicht wie ein richtiger Mann, sondern wie ein Schuljunge.

Wir wandern immer weiter die Berge hinauf. Nelly und der Fremde gehen voran. Er zeigt ihr die vielen Blumen am Weg, Nelly sagt ihm die Namen. Sie kennt die Blumen aus ihrem Arzneimittelbetrieb. Zuerst hat Mami Nelly ausgelacht, daß sie nun auch nur noch das Kraut angucke. Doch dann werden die Blumen auf den Wiesen immer prächtiger, bis Mami sie zuletzt auch fotografiert und mich mittendrin.

Ganz oben auf dem Berg steht ein großer Baum. Davor finden wir einen Stein, in den ein Kreuz hineingeritzt worden war, genauso wie in der Kirche. Mami und Nelly haben sich davor bekreuzigt, ein Morgengebet gebetet und ein schönes Kirchenlied gesungen. Weiter hinten auf dem Berg kommen wir zu ein paar Hütten, zu denen gar keine richtige Straße führt. Mami sagt, daß es hier auch keinen elektrischen Strom gebe. Eine Frau saß vor einem Haus auf der Wiese, guckte der Kuh zu, wie die fraß und sang ein Lied. Daneben stand ein großer Haufen alter Weinkrüge. Am liebsten hätte der Mami einen mitgenommen. Aber der war zu schwer. Die Frau sagte, an den Krügen könne man sehen, daß hier schon sehr lange Menschen wohnen. Sie leben hier ganz einsam, aber zufrieden und froh. Der Ort heißt Paradiesi.

Hinter den Häusern standen vier große Bäume, in ihrer Mitte war eine Quelle. Nelly hat sie zuerst entdeckt. Dort machen wir Rast. Im kleinen Fluß kann ich spielen und auch auf den großen runden Steinen herumklettern. Ein Kälbchen kommt zu uns, um uns neugierig zu beschnüffeln. Dem fremden Mann will es gar nicht mehr von der Seite weichen, der ißt nämlich wieder seine Quarktaschen. Wie die wohl schmecken mögen? Das Kälbchen bettelt auch und riecht an der Quarktasche. Er lacht und gibt ihm eine. Ich möchte so gerne auch eine Quarktasche haben! Wer weiß, wieviele er noch in der Tüte hat. Ich werde ihn fragen, ob er mir eine gibt. Aber wie soll ich ihn fragen? Ach, ich weiß schon. Ich bin zu ihm gegangen, habe auf die Tüte gezeigt und dann auf meinen Bauch und erklärt: »hm, hm, hm«. Er hat es verstanden und mir gleich eine gegeben.

Der fremde Mann heißt Fritz. Der Mami hat gesagt, die Deutschen würden wohl alle so heißen. Manchmal habe ich auch das schwere Wort zu sprechen versucht.

Am späten Nachmittag hat Mami hinunter in ein Tal gezeigt und gesagt: »Das Dorf Botisi ist unser Ziel. Da unten wollen wir unser Zelt aufschlagen.« Ich habe aber gar kein richtiges Dorf gesehen, nur ein paar Häuser. Ich konnte auch keine Menschen erkennen. Aber wir sahen zwei große Hunde, die böse zu uns herauf bellten. Vor denen haben wir viel Angst und trauen uns nicht weiter. Mami muß erst wieder nach Menschen rufen, die uns vor den Hunden schützen. Er ruft lange. Endlich antwortet jemand. Der hat die Hunde festgehalten, und wir können den Berg hinunter klettern.

Der Mann erzählt uns, daß er hier ganz allein wohnt. Die Menschen seien schon vor zwanzig Jahren weggezogen, weil es hier zu einsam sei, keine Straßen und keinen elektrischen Strom gebe. Er sei vor zehn Jahren zurückgekommen und lebt als Jäger im Wald. Er sei jetzt 30 Jahre alt und wolle hierbleiben – für immer. Einmal in der Woche kommt sein Mami über die Berge herüber gewandert, besucht ihn, bringt ihm Streichhölzer, Tee und Patronen für die Gewehre mit. Er gehe jedoch nur zu den Leuten über die Berge, um Fleisch zu verkaufen, um sich von dem Geld neue Sachen zu kaufen. Er hat noch einen Schimmel, der grast hinterm Haus, und einige Schweine, die sind gerade im Wald und suchen sich dort ihr Fressen.

Fritz geht inzwischen herum und sieht sich die übrigen Häuser an. Er ruft uns zu, daß er in einer Veranda ein breites geschnitztes Holzbett gefunden habe. Dort will er zur Nacht bleiben und nicht im Zelt schlafen. Wir sollten nur herkommen, uns alles anschauen. Dürfen wir denn das? Der Jäger lädt uns ein. Wir dürfen uns den schönsten Platz aussuchen, denn das ganze Dorf gehört ja ihm. Im Haus steht noch ein Ofen. Dort macht der Jäger Feuer und kocht uns eine Birnensuppe. Wir packen unser Essen auf dem Bett aus und sitzen dann alle beim Abendbrot zusammen. Der Jäger hat am Anfang wenig gesagt und ein trauriges Gesicht gemacht. Allmählich wird er freundlicher und redet immer mehr. Auch mit Fritz kann er sich unterhalten.

Nach dem Essen geht er mit uns im Dorf herum und zeigt uns die eingefallenen Häuser. In einigen stehen noch Tische und Schränke. Der Mami findet sogar eine kupferne Honigkanne. Die darf er mitnehmen. Für den Fritz bringt der Jäger am Abend seinen großen schwarzen Hirtenmantel mit. Darin kann er draußen auf der Veranda schlafen. Wir anderen schlafen im Haus, ich mit Nelly in dem anderen Bett und Mami auf dem Fußboden.

Als wir am anderen Tag weiter wandern, geht der Jäger mit. Er hat auch sein Gewehr umgehängt. Das baumelt mir immer um die Beine, wenn ich auf seiner Schulter reiten darf. Wenn er mich auf dem Arm trägt, lege ich mein Gesicht in seinen großen Bart. Der Mami hat auch einen Bart, seitdem er in der Kirche arbeitet. Den muß er dort haben, als Ingenieur brauchte er keinen Bart. Fritz hat auch einen Bart, der arbeitet ebenfalls in der Kirche. Im Wald zeigt uns der Jäger Fußspuren von den wilden Tieren. Gemerkt habe ich mir Wolf, Bär, Luchs, die anderen kenne ich nicht.

Bergdorf Tualdi im Kaukasus

Es geht immerzu bergauf, und wir ruhen oft auf den großen Blumenwiesen aus. Ganz oben auf dem Berg konnten wir nach allen Seiten weit sehen. Da hat der Jäger wieder das ganz traurige Gesicht gemacht, wie am Anfang, als wir ihn kennengelernt haben. Er gibt Mami das Gewehr, wir würden es brauchen. Der Fritz hat ganz große Augen bekommen. Der Jäger ist dann schnell fortgegangen. Wir haben ihm lange nachgesehen und gerufen, aber er hat sich nicht umgedreht. Plötzlich sehen wir eine Wolke am Himmel, die ganz schnell näher kommt. Plötzlich ist ganz dichter Neben. Wir sehen den Weg nur bis zum nächsten kleinen Schritt. Zuerst gehen wir durch nasses Gras, dann sind auch Bäume da. Ich bekam großen Hunger, unser Essen aber ist aufgebraucht. Den letzten Rest hatten wir beim Jäger gelassen. Mami hatte gesagt, wir brauchen nichts mehr, weil wir gleich in Manglisi sein würden. Aber wir sind noch lange nicht dort. Mami meint, wir würden schon einen Weg finden. Später sagt er dann, daß wir wohl im Wald bleiben müßten, aber wir finden in dieser Woche gewiß noch aus dem Wald heraus! An einer Quelle macht Nelly halt. Fritz holt die Müslitabletten heraus. Mami hat eine in vier Teile geteilt und uns gegeben. Nelly und ich bekommen auch

Miriam, Mami und Nelly machen eine Rast

noch ein Bonbon. Mami sagt, das wäre Traubenzucker und gebe Kraft.

Endlich finden wir dann einen Weg. Wir sind alle froh. Doch dann bleibt Mami stehen und blickt auf die Spuren auf dem Weg. Es waren solche, die uns der Jäger gezeigt hat. Mami meint: »Wir sind auf einer Wolfsspur. Wir müssen unbedingt von diesem Weg weg!« Doch wohin wir auch gehen, überall sind plötzlich solche Spuren.

Dann wird es auch schon dunkel. Mami und Fritz haben Holz gesammelt und ein großes Feuer gemacht, an dem wollten sie die Nacht sitzen bleiben. Für mich und Nelly haben sie das Zelt aufgestellt. Der Fritz hat mir noch Gute Nacht gesagt. Im Lichtschein sieht sein Gesicht ganz ängstlich aus. Er fürchtet sich vor den Wölfen. Er sagt, er hätte welche gehört, es klang wie Hundegebell. Aber ich habe keine Angst. Mami ist ja bei mir. Und er hat auch gebetet, daß der liebe Gott uns beschützen soll.

Draußen am Feuer ist es ganz still. Plötzlich aber rufen und schreien sie, weil sie Menschenstimmen gehört haben. Eine Antwort ist ganz leise zu hören. Dann höre ich nur noch Mami rufen, immer weiter weg. Nelly kommt ins Zelt und sagt, ich brauche keine Angst zu haben. Mami holt bei den Menschen Hilfe. Er hat das Gewehr bei sich. Und wir haben das Feuer und den Fritz.

Spät in der Nacht bin ich wieder ein bißchen aufgewacht. Mami ist wieder da. Er sagt, er habe weit oben im Gebirge Hirten gefunden. Wir sollen sofort zu ihnen kommen, dann sind wir weg von den Wölfen. Wir sind sofort losgegangen, ich bin auf Mamis Schulter wieder eingeschlafen.

Die Nacht haben wir in der Hütte der Hirten verbracht. Sie hatten unser Feuer gesehen und nach uns gerufen.

Zum Frühstück am nächsten Morgen haben die Hirten Tee gekocht von den Kräutern, die um die Hütte wachsen. Fritz teilt noch einmal so eine Müslitablette in vier Teile. Die ist komisch. Wenn man etwas davon in den Mund nimmt, Tee dazu trinkt, wird es plötzlich immer mehr. Auf einmal merke ich, daß Mami nicht mehr da ist. Er ist noch einmal ins Tal gegangen, um unser Zelt und Gepäck zu holen. Als er wiederkommt, gehen wir los. Zwei Hirten zeigen uns den Weg, auf dem wir zu einer Kuhfarm kommen. Dort werde man uns weiterhelfen.

Die Farm können wir schon von weitem sehen. Nelly ermahnt Fritz, sich endlich wieder lange Hosen anzuziehen. Denn jetzt kommen wir unter Menschen, und besonders vor den Melkerinnen muß er ordentlich angezogen sein. Kurz vor der Farm kommen uns wieder große Hütehunde entgegen gesprungen. Wir müssen uns hinsetzen, rufen und warten. In der Kuhfarm bettelt Fritz um frische Milch. Mami und Nelly sind ganz erschrocken. Betteln gehört sich nicht! Aber die Melker sind freundlich und geben uns welche. Auch Brot und Butter bekommen wir. Mami hat inzwischen in einer Hütte am warmen Ofen meine Schuhe und Strümpfe getrocknet, sie waren heute morgen im nassen Gras feucht geworden. Nur der Fritz hatte es gut. Der hatte seine offenen Schuhe gleich ausgezogen und ist barfuß gelaufen.

Dann geht plötzlich alles ganz schnell. Wir müssen abfahren, der Nebel kommt wieder. Wir fahren mit dem Milchauto nach Tbilissi. Am Nachmittag sind wir wieder zu Hause. Die Mutter wartet schon lange. Sie hat sich gesorgt, weil wir einen Tag zu spät kommen. Dann macht sie ein großes Essen für uns, denn wir haben viel Hunger. Beim Essen müssen wir ihr berichten. Wir reden alle durcheinander. Nur der Fritz sagt nichts, er kann ja unsere Sprache nicht. Schade, daß er schon bald gehen muß. Ich habe ihn gern gehabt. Ich habe ihm viel erzählt in meiner Sprache und mich gut mit ihm verstanden. Zum Abschied gebe ich ihm noch einen Kuß auf die Stirn.

Ob er noch an seine Freundin Miriam denken wird?

(1986)

Unter Hausarrest in Tbilissi

Ich fahre gerade zu Hause in Jena mit dem Fahrrad an der christlichen Buchhandlung vorbei, da kommt die Verkäuferin herausgerannt: »Schnell, fahren Sie wieder nach Hause. Ich habe gerade eine Russin zu Ihnen geschickt. Sie wollte hier eine russische Bibel kaufen. Ich hatte gehofft, sie hätten so etwas noch in Ihren heimlichen Beständen. Die Frau ist auf dem Weg zu Ihnen.« Also zurück in meine Wohnung. In aller Eile suche ich die Reisetasche, doch Fehlanzeige. Ich hatte letztens alles weggegeben und mir noch keinen Nachschub besorgt. Nur ein georgisches Testament war noch da. Doch damit kann eine Russin leider nichts anfangen.

Da klingelt es schon. Sie hat mich schnell gefunden. Noch ehe ich zu Wort komme, um ihr zu sagen, daß ich ihren Wunsch nicht erfüllen kann, sprudelt sie auf deutsch los: Was sei Jena für eine schöne Stadt. In der Universität hätte sie schon viele freundliche, hilfsbereite und auch gläubige Menschen gefunden. Nun hätte sie noch gern eine russische Bibel, sie sei überzeugt, daß ich ihr helfen würde. Ich kann nur hilflos mit den Achseln zucken, denn gleich fährt sie fort: Sie brauche die Bibel unbedingt, sie wolle noch mit anderen daraus lesen. Ich breite hilflos meine Arme aus. Aber sie fährt unbeirrt fort: Auf dem Wege hierher habe sie immerzu um die Erfüllung ihres Wunsches gebetet, und nun bitte sie um die Bibel. Aber es wäre noch schöner, da sie aus Tbilissi komme, von der Jenenser Partneruniversität, wenn ich ihr eine in georgischer Sprache gäbe.

Nun endlich darf ich reden, doch ich bin sprachlos, denn ausgerechnet das georgische Testament stand mir noch zur Verfügung. Ich gebe ihr dieses Testament; sie ist überglücklich.

»Womit kann ich Ihnen eine Freude machen?« fragt sie mich. »Mit einer Einladung nach Tbilissi.« Ja, sehr gern, sie

Merab aus Tbilissi mit frischgebackenem Fladenbrot

wisse jemanden, der genügend großes Quartier habe und genügend Reputation, um die Einladung genehmigt zu bekommen. »Ja, die Manana, die Gute, wird Sie einladen.«

Und so bin ich nach Tbilissi gekommen, war eine Woche zu Gast bei Manana und ihrem Bruder Merab.

Es waren heitere Tage mit viel gutem Essen, feurigem georgischen Wein, herzlicher Gastfreundschaft bei vielen Familien mit guten Gesprächen, viel Musik und Tanz. Viel zu schnell verflog die Zeit.

Abschied: »Manana und Merab, lebt wohl und seid bedankt für euer Brot und Salz, es war eine wunderschöne Zeit.« Aber Merab entläßt mich nicht so einfach an der Wohnungstür. Er begleitet mich bis zum Zug. Aus Gastfreundschaft und vorsichtshalber: Man weiß ja nicht, was so ein Ausländer anstellen könnte, der mehr Freiheit gewohnt ist als wir. Er wird am Ende noch falsche Schritte machen, die unsereinem, dem offiziellen Gastgeber, nur Scherereien bringen könnten. Er wird am Ende vielleicht gar nicht abfahren und sich inoffiziell noch sonstwo aufhalten.

Das erste Ärgernis war ohnehin bereits geschehen, als wir gemeinsam mit einem Bekannten aus unserem Stadtteil, dem Tamaz, nach Manglisi wanderten, uns im Wald verliefen und einen Tag später als geplant zurückkehrten. Genau an diesem Tag aber hatte die Polizei in Merabs Wohnung nachgefragt, wo denn der ausländische Gast sei. Die ahnungslose Großmutter, die nicht wußte, daß ein ausländischer Gast das Stadtgebiet nicht verlassen dürfte, hatte haarklein erzählt, daß der für drei Tage in die Berge gegangen und auch am vierten Tag noch nicht zurückgekommen sei. Warum hatten wir sie aber auch nicht instruiert. Sie hätte doch nur zu flunkern brauchen, daß ich zu Freunden unterwegs sei, und die Sache hätte sich erledigt. So aber brachte unser Verstoß meinen Gastgebern eine lange Standpauke auf der Behörde ein und die Auflage, künftig besser auf mich aufzupassen sowie einen Strafzettel über zehn Rubel. Deshalb wollte Merab es genau wissen, ob ich auch tatsächlich in den richtigen Zug einsteige und abfahre, und nicht etwa in Mzcheta aussteige. Ich hatte beiläufig ein Interesse an der alten Hauptstadt geäußert. Deshalb fuhr Merab am Abend nach meiner Abreise dorthin, um sich umzuschauen.

Von all dem erfuhr ich jedoch erst viel später.

Ich reiste zwar wirklich ab, aber mein Urlaub war noch nicht zu Ende. Ich wollte nur meinen Gastgebern nicht länger zur Last fallen, aber noch etwas von den hohen Bergen des Kaukasus sehen. Deshalb bin ich nach kurzer Fahrt tatsächlich in Mzcheta ausgestiegen. Dort aber fiel ich nicht der Polizeikontrolle in die Hände, sondern Einheimischen. Die hatten mich bereits im Zug als Fremden identifiziert und mich nach Hause zum Tee eingeladen. Es waren Musiker, wir sangen gemeinsam, und sie wollten mir als Gastgeschenk unbedingt eine Fahrkarte nach Zchinwali oben in den Bergen kaufen.

So bin ich wieder unerkannt weitergereist bis zur Endstation der Bahn. Dort erwischte ich auch gleich ein Lastauto, das mich weiter mitnahm. Das Unheil kam ganz unerwartet. Ich unterhielt mich mit dem Fahrer, sprach über meine Begeisterung für die Berge, die immer höher wurden und die ersten Schneegipfel sehen ließen, da überholt uns ein Polizist mit dem Motorrad. Er kennt den Fahrer, grüßt ihn. Dann blickt er auf mich und stutzt. Ein Fremder in seinem Revier, den er nicht kennt? Sofort läßt er den Lastwagenfahrer halten und verlangt meine Papiere. Ah, ein Ausländer. Und wo ist die Aufenthaltsgenehmigung für dieses Gebiet? Ich muß aussteigen. Er observiert mich. Nun ahne ich schon das Unvermeidliche: Meine kurze Exkursion ist gewiß zu Ende. Berge ade.

Es geht wieder zurück nach Zchinwali, aufs Polizeirevier. Dort muß ich umständlich Rede und Antwort stehen, was ich denn hier wolle. Natürlich hat er mein Gepäck inspiziert, den Fotoapparat entdeckt. Aha, ich wollte hier spionieren! Meine lange und umständliche Auskunft, daß ich die Berge liebe, schon drei Pässe im Kaukasus erwandert hätte und nun zum Kreuzpaß wolle, daß ich nur die Natur sehen möchte und keine Militärobjekte, das scheint ihn allmählich zu überzeugen. Trotzdem ist er ratlos. Vorsichtshalber ruft er bei seiner höheren Dienststelle an, hört deren Empfehlungen, und ich muß noch einmal den Hergang meiner Reise erläutern. Er nimmt es zu Protokoll. Er ist hin- und hergerissen zwischen Dienstpflicht und menschlicher Zuneigung, bis er offenbart: »Ich heiße Abraham. Ich könnte Sie glatt – wenn ich nicht Polizist wäre und im Dienst – als Freund willkommen heißen, Friedrich, und würde Sie gern bei mir zu Hause beherbergen. Aber leider verbietet mir meine Arbeitsstelle den menschlichen Kontakt. Schade. Wenn ich später in Pension bin, dann kommen Sie wieder her, dann besuchen Sie mich. Wir könnten Freunde sein. Vergessen Sie nicht, ich heiße Abraham!« Nachdem ich drei Stunden bei ihm zugebracht habe, er viel geredet, viel überlegt und telefoniert hat, hat er einen Ausweg gefunden. Ich muß ihm versprechen, nicht wieder hoch in die Berge zu trampen, das sei verboten, sondern mit der Bahn zurück ins Tal reisen und von da in Richtung Heimat. Er gibt mir meinen Paß zurück. Herzlicher Händedruck, und er zeigt mir auf der Straße den Weg zum Bahnhof. Er ist offensichtlich froh, die Sache gütlich bereinigt zu haben. Er winkt mir nach. Ich bin wieder frei.

Aber nicht lange.

Nach hundert Metern kommt er mir rufend nachgerannt, um mir mit größtem Bedauern zu erklären: »Friedrich, nun ist doch ein Unglück passiert. Eben habe ich einen Anruf aus Tbilissi erhalten, daß ich Sie verhaften und morgen auf der Landesbehörde abliefern muß. So eine dumme Sache!« Er nimmt mir wieder meinen Paß ab, und ich muß zurück ins Behördenstübchen. Dort übergibt er mich verdrossen einem anderen Beamten. Man merkt, ihm ist die Sache unangenehm.

Ich werde ins Hotel gebracht, wo ich bis zu meiner Abfahrt am nächsten Morgen einzulogieren habe. Den Abend habe ich im Bergstädtchen zur freien Verfügung. Meine Flucht ist nicht zu befürchten, ich bin ja ohne Dokument. Und ein »unpapierener Mensch« ist kein Mensch.

Ich versuche das Beste aus meiner Lage zu machen. Rund um die Stadt sind die Berge zu sehen, für mich nun in unerreichbarer Ferne. Ich betrachte sie sehnsüchtig. Aber ich knüpfe Kontakte mit den Bergbewohnern, lasse mich auf der Straße oder im Restaurant auf viele Gespräche

Deutsche Lutheraner in der Baptistengemeinde von Tbilissi

ein. Spät suche ich das Hotel auf, das trotz des hohen Preises sehr primitiv eingerichtet ist. Aber ich habe mein Bett, das genügt. Die Sorge darum, was mir nun an Komplikationen bevorstehen wird, läßt mich nicht einschlafen. Als ich doch endlich eingenickt bin, werde ich durch heftiges Klopfen an der Tür wieder aufgeschreckt. Das Dienstmädchen verlangt Einlaß, um einen weiteren Gast in das zweite Bett im Zimmer einzuquartieren. Er ist ein Kraftfahrer, der am anderen Morgen früh nach Tiflis zurück will. Ach, wenn ich doch mit ihm fahren könnte. Aber ich bin ein unpapierener Mensch.

Am nächsten Morgen um zehn nimmt das Schicksal seinen Lauf. Ein Beamter nimmt mich in Empfang, um mich mit seinem Jeep nach Tbilissi auf die hauptstädtische Behörde zu befördern.

Dort wird es ungemütlich. Der Parteisekretär, der mich verhört, ist ein Hitzkopf, ein Eiferer, ein scharfer, unsympathischer, fanatischer Dogmatiker (bei uns würde er ein Hundertfünfzigprozentiger genannt werden). »Ziehen Sie sich ordentlich an, wenn Sie mit mir zu reden haben!« schreit er mich an. Ich begriff nicht gleich, was er wollte. Er deutete auf mein halboffenes Hemd. Ich muß zwei weitere Knöpfe schließen. Später schließe ich von selbst auch noch den obersten, nachdem er mich vor das kalte Gebläse des Temperaturreglers gesetzt und – trotz mehrmaligen Protestes meinerseits – mehrere Stunden dorthin verbannt hatte. Zuletzt fror ich erbärmlich und hatte mir einen tüchtigen Schnupfen geholt. Er schien es mit Genugtuung zu registrieren. (Später erfuhr ich, daß es bei den Revolutionsunruhen der Wende in Georgien auch blutig zuging, und da wurde er als einer der Verhaßten mit erschossen.)

Immer wieder muß ich meine Reisegeschichte in die Berge erzählen, das, was ich schon mehrmals gesagt hatte, noch einmal mit den gleichen Worten wiederholen. Offenbar will er Widersprüche in der Detailschilderung heraushören. Dann setzt er ein Protokoll auf und vergleicht es mit dem, was Abraham geschrieben hatte. Dabei streitet er in sehr kleinkarierter Form um einzelne Varianten meiner Ausdrucksweise. Ich kann mich dabei oft mit mangelnder Sprachkenntnis herausreden. Ich habe ihn auch wirklich schlecht verstanden, er sprach die übliche Funktionärssprache, die vorwiegend aus Substantiven besteht.

Am späten Nachmittag kommt dann das Schlimmste: Die Tür ging auf, Manana und Merab treten mit versteinerten Gesichtern ein. Sie müssen mich wieder mitnehmen – zum Hausarrest auf unbestimmte Zeit.

Es ist demütigend. Meine freundlichen Gastgeber sind auf einmal in schweigende, fremde Arrestaufpasser verwandelt worden.

Natürlich durften sie von meinem Bergausflug nichts wissen. Unter ihrer Aufsicht hatte ich ja überhaupt erst die Stadt besuchen dürfen, und das Verlassen des Landes war nur auf dem Transitwege möglich. So beteuert auch Merab vor der Behörde – hier habe ich es mit Staunen erfahren – daß er noch am selben Tag, als er mich am Zug verabschiedete, die Stadt Mzcheta aufgesucht und sich an den touristisch wichtigen Stellen nach mir umgesehen hatte. Da er mich nicht gefunden hatte, sei er beruhigt nach Hause gefahren.

Der Parteisekretär schreit auch sie an, daß sie ihre Gastgeberpflicht vernachlässigt hätten. Das hätten sie nun zu büßen. Sie müßten mich zu Hause »aufbewahren«, das Haus dürfe ich aber nicht verlassen, und nach diesem Wochenende müßten sie am Montag um zehn Uhr wieder im Büro erscheinen.

Mit verschlossenen Gesichtern verlassen sie das Büro, ich werde stumm ins Schlepptau genommen. Erst im Bus bricht es anklagend aus Manana heraus: »Ach, ich Dummkopf, daß ich dich, Friedrich, aufgenommen habe. Konnte ich denn ahnen, daß du dich wie ein Kindskopf benimmst und uns in solche Schwierigkeiten bringst? Ich bin Übersetzerin und mit meiner Arbeit geachtet. Wie wird nun meine Reputation leiden. Nun kommst du wieder in unser Haus, aber nicht als Gast, sondern als Zwangseinquartierung. Wir werden sehen, wie es weitergeht.«

Die folgenden Tage sind schrecklich. Ich bekomme mein Essen, habe wieder ein Bett, bin aber fast wie ein Fremder im Hause. Im Bücherschrank habe ich Werke von Fontane in deutsch entdeckt. Sie sind nun für mich der Gesprächsersatz.

Manana hat statt der Grübchen beim Lachen eine Zornesfalte zwischen den Augen. Und sie schweigt. Merab läßt sich erst gar nicht sehen. Es zerreißt mir fast das Herz.

Am Montag kommen Manana und Merab von der Audienz im Parteibüro spät nach zehn Uhr unerledigter Dinge zurück. Sie sollen am Dienstag wiederkommen. Am Dienstag werden sie zu Mittwoch bestellt. Am Mittwoch zu Donnerstag.

Und so geht es täglich, die ganze Woche. Manana und Merab müssen sich jeden Tag früh von der Arbeit beurlauben lassen mit unbestimmter Wartezeit.

Nach der zermürbenden Woche bemerke ich bei den beiden einen Stimmungsumschwung. Sie reden erstmals wieder mit mir und sagen mir: »Dieser gemeine Mensch auf der Behörde! Es ist reine Schikane, was er mit uns treibt. Täglich bestellt er uns aus lauter Willkür umsonst. Wird so Gastfreundschaft belohnt? Du hast nun lange genug allein gelitten, Friedrich. Wir leiden ja zwangsweise auch mit dir. Und wir merken gerade so wie du, wie leicht man in Ungnade fallen kann. Du darfst zwar das Haus nicht verlassen, aber nach Einbruch der Dunkelheit sieht es ja keiner. Und wenn man dir verbietet in die Stadt zu gehen, kann man nicht verhindern, daß die Stadt zu dir kommt. Wir haben schon was organisiert. Heute nachmittag kommt ein befreundeter Maler zu Besuch, er wird auch einige Bilder mitbringen. Du wirst gut mit ihm harmonieren. Und am Abend fahren wir in die Berge zu Merabs Bruder. Laßt uns also das Beste aus deinem Arrest machen. Du bist wieder unser Gast!« Es wird wieder der alte Plattenspieler in Gang gesetzt und zu den Klängen der Wiener Walzer heiter getanzt, wenn auch ein wenig Galgenhumor dabei ist. Manana ist wieder die große Gastgeberin und Merab der Organisator der heimlichen Unternehmungen. Ich lerne noch viele interessante Leute kennen, die ins Haus kommen. An drei weiteren Abenden unternehmen wir im Schutze der Dunkelheit Exkursionen durch die Stadt und zu Freunden. Ach, die Georgier sind schon ein Volk – mit großen Herzen – groß im Zorn und groß in der Versöhnung.

Am vierten Tag der zweiten Woche wird dann endlich entschieden. Ich muß mit auf die Behörde.

Dort eröffnet mir der Parteisekretär feierlich: Es gäbe drei Stufen der Strafsteigerung. Die erste wäre eine Geldstrafe, die zweite ein einmonatiger Arrest bei Kartoffelschälen, die dritte die Verschickung für ein halbes Jahr nach Sibirien. Für mich träfe letztere zu, denn ich hätte mich dreimal vergangen. Ich hätte verbotene geistliche Literatur ins Land gebracht. (Hatte man also doch diese Kontrolle in Brest weitergemeldet, wo ich vom Zoll erwischt wurde. Das ist mir nur wenige Male passiert, meist hatte ich meine Konterbande besser versteckt. Nur diesmal war es zuviel. Man hatte die zwanzig Bücher entdeckt, aber ich hatte mir nach langem Disput siebzehn wieder zurückholen können.) Weiter hätte ich unberechtigt die Stadt zu dieser viertägigen Bergwanderung verlassen. Dafür habe

Merab die zehn Rubel Strafe bereits bezahlen müssen. Und zuletzt wäre ich unberechtigt im bergigen Grenzgebiet in der Nähe des Kreuzpasses aufgegriffen worden. Also hätte ich die Strafe Nummer drei verdient. Aber – nun wird er ganz theatralisch – weil ich aus der DDR käme, man pflege ja freundschaftliche Beziehungen zum Brudervolk, weil ich außerdem aus der Universitätsstadt Jena käme, Partner der Uni in Tbilissi, würde ich noch mal glimpflich davonkommen. Abgesehen von einer Meldung an den KGB nach Moskau und an die deutschen Behörden, würde ich nur aus der UdSSR ausgewiesen. Ich hätte in 24 Stunden das Land zu verlassen. Es gäbe zur Zeit keine durchgehende Maschine, aber am nächsten Morgen starte eine nach Moskau, und dort hätte ich in einer Stunde Anschluß nach Berlin. Der Platz sei schon reserviert. Mich aber bitte er, ich solle in der DDR nicht schlecht über ihn reden. Ich wäre doch korrekt und freundlich behandelt worden. Ich solle nur Gutes über ihn berichten, wir sollten also als Freunde scheiden.

Wie verdattert stehe ich da, innerlich und äußerlich verschnupft und lasse verwundert das Schulterklopfen und Händeschütteln über mich ergehen. Es fehlten nur noch die Umarmung und der Bruderkuß. Letzteren gebe ich aber auf dem Korridor Menana und Merab, und wir sind froh, alle so glimpflich davongekommen zu sein.

Am Abend zu Hause gibt es ein rauschendes Abschiedsfest. Es sind auch Freunde geladen. Die Großmutter kocht für mich extra noch einmal das Hühnerfleisch mit der Nußsoße und im nächsten Gang die »Täubchen«, für die ich so schwärme, gedünstete, in säuerliche Weinblätter gewickelte Klopse.

Am anderen Tag begleitet mich Merab zu Flughafen. Diesmal wird er sicher sein, daß ich keine Seitensprünge mache. Das Flugticket bis Berlin ist bereits bezahlt.

Und doch kommt es zuletzt ein wenig anders. Mein Urlaub ist erst in einer Woche zu Ende. Was soll ich so vorzeitig wieder zu Hause. Im Moskauer Flughafen suche ich die polnische Fluggesellschaft auf und klage den Angestellten mein Leid, daß ich nach Berlin solle, aber gar nicht dorthin wolle. Es genüge doch, daß ich nach 24 Stunden das Land verlassen habe, aber wohin sei doch egal. Meine Zuhörer riechen Lunte. Spontan kommt die Hilfsbereitschaft der Polen: »Aber natürlich müssen wir Ihnen helfen! Bleiben Sie noch ein bißchen in unserem Land. Wie wäre es mit einem Flug nach Warschau? Der geht etwas früher als Ihre Maschine nach Berlin. Da sind Sie schon fort und hören nicht mehr, wie man vergeblich Ihren Namen ausrufen läßt. Wir bestätigen Ihnen, daß Sie den Flug nach Berlin nicht genutzt haben, das Geld bekommen Sie zu Hause zurück. Ja, gegen die Russen muß man immer helfen! Unbedingt!« diese letzte für die Russen typische Vokabel sagen sie auf russisch und grinsen hämisch.

Und so verlasse ich mit zweigeteilten Gefühlen das Gastland – mit Schadenfreunde gegen die einen und mit Dankbarkeit gegen die anderen.

(1986)

Ewiges Leben aus Gott

Wieder einmal führt mich der Weg nach Kischinew, der Hauptstadt der Moldauischen Sowjetrepublik. Vor acht Jahren hatte ich hier das kleine Bethaus der Baptisten aufgesucht. Wassili hatte mich dann mit nach Hause genommen und beherbergt.

Nun suche ich wieder die kleine Gasse fast im Zentrum der Stadt. Ich finde das Gebäude jedoch verlassen vor. »Nein«, sagen mir die Nachbarn, »hier gibt es schon lange kein Bethaus mehr. Die haben inzwischen ein neues, großes Haus am Stadtrand gebaut, draußen bei der alten Post. Morgen früh um zehn ist Gottesdienst, da kannst du sie antreffen.«

Als ich am nächsten Tag im überfüllten Bus hinausfahre, vergewissere ich mich bei den Fahrgästen, ob das die richtige Richtung zur alten Post sei und ob sie mir vielleicht auch sagen können, wo ich aussteigen müßte, ich wolle zum neuen Bethaus der Baptisten. »Bruder«, tönt es mir da im Chor entgegen, »da wollen wir alle hin.« Und damit bin ich in diesem öffentlichen Verkehrsmittel bereits in die Gemeinde eingegliedert.

Der ersten Überraschung folgt die zweite auf dem Fuß. Als ich das neue, großzügig gebaute Haus für rund tausend Besucher betrete, finde ich es überfüllt. Es ergeht der Gemeinde hier so ähnlich, wie ich es vor einigen Tagen schon im nördlicher gelegenen Tschernowitz in der Bukowina gesehen hatte. Denen war Anfang der achtziger Jahre von höchsten sowjetischen Stellen großzügig die Baugenehmigung für ein neues Gemeindehaus erteilt worden. Aber die niederen Behörden hatten dann mit einigen Schikanen die staatliche Planung und Projekterstellung sowie die Bereitstellung der Maschinen verweigert. Daraufhin hatte sich die Gemeinde selbst geholfen, indem die Gemeindemitglieder die Planung und den Bau selbst in die Hand nahmen. Ergebnis dieser Aktion: Nicht nur, daß

Neues Gebetshaus der Baptisten in Kishinew

das Haus viel schneller als geplant fertig wurde, sondern auch die Gemeinde mit dem Bau wuchs. Am Ende stand zwar das neue Bethaus, aber eigentlich war es schon wieder zu klein. Die Gemeinde von Tschernowitz zählt eintausend Mitglieder, aber sonntags zum Gottesdienst kommen 1.500.

Wenn ich mir vorstelle, wenn bei uns zu Hause auch immer 150 Prozent der Gemeindemitglieder zum Gottesdienst kämen, was wären das für gesegnete Zeiten.

Hier in Kischinew erlebe ich nun ähnliches. Einer der drei Chöre ist an diesem Sonntag mit hundert Mann zur Ausfahrt in eine Nachbargemeinde unterwegs. Außerdem ist Urlaubszeit, da sind viele Gemeindemitglieder nicht in der Stadt. Trotzdem ist der riesige Saal immer noch so überfüllt, daß viele stehen müssen.

Der Gottesdienst in Kischinew wird durch eine Mittagspause unterbrochen. Man lädt sich gegenseitig zum Mittagessen ein oder man nimmt mit einem Imbiß im Speisesaal neben der großen Gemeindeküche vorlieb.

Ob auch Wassili anwesend ist? Mein Banknachbar kennt ihn und weiß auch, wo etwa sein Platz im großen Saal ist. Er sucht Wassili für mich und hat ihn auch bald gefunden. Große Wiedersehensfreude.

Wassili lädt mich zusammen mit drei anderen Gemeindemitgliedern zur Mittagstafel in seine Familie ein. Neben dem Gemeindehaus ist ein großer Parkplatz, dort warten die Gastgeber. Wassili steuert ebenfalls dorthin, die drei anderen Gäste warten schon an seinem Auto.

Dann sitzen wir bei ihm zu Hause in der »geräumigen« Wohnung um den großen Tisch. Die zunächst heiteren Gespräche steuern sehr bald auf ein trauriges Thema zu. An der Wand im Zimmer hängen Bilder vom siebenjährigen Töchterchen, aber mit Trauerflor. Die Eltern erklären mir: »Ja, unser Töchterchen ist vor drei Monaten – das heißt im Mai 1987 – von uns gegangen. Sie ist eines der Opfer von Tschernobyl. Kischinew liegt wohl über 600 Kilometer von dem Katastrophenort entfernt, aber viele Kinder, etwa im Alter von sechs bis fünfzehn Jahren, sind besonders betroffen von Blutkrebs. Unser Mädchen hatte vom Tage des Reaktorunfalls an erhöhte Temperatur und litt unter zunehmender Mattigkeit. Sie war immer ein sehr fröhliches und lebhaftes Kind gewesen, und sie selbst hat zunächst unter der Mattigkeit sehr gelitten. Aber zuletzt, als ihr klar wurde, daß sie bald sterben würde, hat sie dann uns, die wir noch viel mehr litten, getröstet. Ihre letzten Worte waren: ›Eltern, ihr sollt nicht traurig um mich sein! Denn ich gehe doch auf etwas sehr Schönes zu. Es ist mir, wie wenn ich auf einer wunderschönen Wiese bin, und am Ende der Wiese wartet Herr Jesus auf mich. Ich gehe gern dorthin. Seid nicht traurig. Ihr habt mich doch den Glauben gelehrt und selbst auf diesen Gang vorbereitet, und ihr kommt doch auch einmal nach. Und dann treffe ich dort die Schwestern Maria und Martha und die Jünger Petrus und Johannes und das Töchterlein des Jairus, Moses und David und noch viele. Die kenne ich alle, und ich freue mich auf sie. Also weint nicht um mich!‹« Die Eltern schildern mir das sehr bewegt, aber ohne Weinen. Es ist deutlich, daß sie sich an die letzten Worte des Kindes klammern und ihre Trauer damit auffangen können. Und dann zeigen sie mir noch Bilder von der Trauerfeier. Es sind Tausende mitziehender Menschen darauf zu sehen. Glieder der Gemeinde und viele andere, die gleichsam aus einer Art Sympathie für die Tragik von Tschernobyl mitgegangen sind.

Mich beeindruckt diese Bekundung der Gemeinde, die so aktiv ist im Leben wie im Leiden, immer wieder.

(1987)

Abends auf dem Krechtschatik

Entgegen allen Planungen bin ich wieder in Kiew gelandet, von wo ich erst vor drei Tagen abgereist war. Ich war unterwegs nach Tbilissi, um dort Freunde zu besuchen und wollte von dort nach Bulgarien weiterfliegen. Aber dann war der Zug an der georgischen Grenze steckengeblieben, weil es drüben in Abchasien Demonstrationen gab und daraufhin alle Verkehrsmittel stillstanden.

Nun bin ich also wieder in Kiew. Wie soll ich so spät abends in der Stadt noch ein Nachtquartier finden?

Ich greife zu der Methode, die sich vorher in Rostow bewährt hatte. Da mußte ich beim Umsteigen die Schlafwagenkarte im Interhotel besorgen, kam aber für den Abend eine Stunde zu spät an. Der Schalter hatte schon geschlossen. »Kommen Sie morgen früh wieder«, hieß es. Mißmutig schlenderte ich durch die Stadt. Da kam mir jemand entgegen. Einer plötzlichen Intuition folgend, sprach ich ihn an und bat um ein Nachtquartier. Lachend sagte er zu. Er habe schon zwei Gäste, da käme es auf einen dritten nicht mehr an. Er wunderte sich nur, warum ich ausgerechnet ihn angesprochen hätte. Ob ihm etwa anzusehen sei, daß ihm Gastfreundschaft wichtig ist? Und tatsächlich merkte ich es bald: Er freute sich über Gäste. Die anderen beiden warteten schon zu Hause, daß er vom Getränkeeinkauf zurückkommen würde und das große Abendessen beginnen konnte. Mit Hallo wurde ich begrüßt und von allen zum reichlichen Zulangen genötigt.

Was hatte ich als Gegengabe für so viel großzügige Herzlichkeit zu bieten? Das ergab sich von selbst. Denn als man in der Runde zu singen anfing, ergriff ich die Gelegenheit und fragte, ob ich etwas vorsingen sollte. »Ja, unbedingt!« Die junge Lehrerin wollte gern ein deutsches Volkslied hören, der andere Maler etwas Heiteres und mein

Gut besucht sind die Gottesdienste der russisch-orthodoxen Kirche

Gastgeber, ebenfalls Maler, bat um einen religiösen Gesang. Als ich ihm dann das »Agnus dei« aus Mozarts Krönungsmesse vorsang, kniete er nieder und küßte mir die Hände und weinte vor Dankbarkeit. Auf soviel Gefühlsäußerungen war ich nicht gefaßt. Er ließ es sich auch nicht nehmen, mir am nächsten Morgen die Papiere für die Weiterfahrt zu besorgen und zu bezahlen. Ach, russische Seele – in ihrer Weite und Vielfalt.

An diese Geschichte erinnerte ich mich, als ich nun also wiederum ohne Quartier bin. Mit Malern habe ich offenbar Glück. Gerade packt einer auf dem Boulevard seine ausgestellten Bilder zusammen, den spreche ich an. Er ist ein kleiner lebhafter Mann mit kahlgeschorenem Kopf und mächtigem großen Rauschebart. Als ich ihn frage, ob er mich beherbergen könnte, spielt er mir Verwunderung vor: Was mir einfiele, ihn so einfach anzusprechen. Wieviel ich denn wenigstens großzügigerweise zahlen würde. Als ich ihm antworte: »Na, nichts, ich hoffe auf Gastfreundschaft«, lacht er mich schallend aus.

Sein lautes Gelächter lockt einen Bekannten herbei, dem er gleich brühwarm mitteilt: »Denk nur mal, Sascha, hier ist ein Ausländer, der hat mich so einfach um Quartier gebeten, und denk nur...« Aber Sascha fällt ihm ins Wort: »Überlaß ihn mir. Meine Familie ist weggefahren, ich habe Platz genug. Ausländer, das interessiert mich.« »Was willst du denn als Bezahlung von ihm fordern?« fragt der andere zurück.

»Na, nichts. Verstehst du, Alexej, Gastfreundschaft.« Der gerade als Alexej Angesprochene wundert sich, warum wir beide nun lachen. Ich darf also bleiben.

Es stoßen noch weitere Freunde dazu, und wir verbringen alle gemeinsam den späten Abend in einer Gaststätte, wo jemand ein großartiges Abendessen arrangiert hatte. Bei den Gesprächen aber entdecke ich ein ganz neues Phänomen, das mir bisher noch nie so in der UdSSR begegnet war: Junge Leute unterhalten sich auch über religiöse Fragen. Die sind plötzlich überall in der Bevölkerung von Interesse. Man mißt diesem bisher verlachten, unaktuellen und totgeschwiegenen Thema Bedeutung bei. Auch im Bus oder in der Straßenbahn redet man darüber. Und Alexej sagt mir später, daß viele seiner Bilder einen religiösen Inhalt haben. Er habe auch schon früher solche gemalt, aber nur für den »Schreibtisch«, denn in der Öffentlichkeit konnten sie nicht gezeigt werden.

Als wir sehr spät die Gaststätte verlassen, muß Sascha um seinen Quartiergast fast kämpfen, denn auch die anderen wollen mich, den Ausländer, gern mitnehmen. Alexej übrigens ebenfalls. »Und natürlich«, wie er versichert, »für nichts.«

Sascha hat am nächsten Tag arbeitsfrei und kann sich mir widmen. Wir machen zunächst eine Stadtrundfahrt durch Kiew. Ich erinnere mich während der Tour an eine frühere Fahrt. Immer, wenn auf der linken Straßenseite zum Beispiel Kirchen zu sehen waren, hatte die Reiseleiterin plötzlich ganz wichtige Dinge auf der rechten zu erklären. Wenn ich dann nach der Kirche gefragt habe, verstand sie nicht oder überhörte einfach meine Frage. Diese Stadtführerin erklärte fast nur noch die »linke« Seite, etwa so: »Hier kommt die Hauptkirche Vladimir. Wir werden hineingehen. Ich werde Ihnen auch das Nötige erklären, und sehen Sie nur, wie erfreulich voll es heute wieder ist.« Weitere Kirchen kommentiert sie: Diese Kirche ist unserer Gemeinde 1988 zu den Milleniumsfeierlichkeiten zurückgegeben worden und arbeitet wieder. Und jetzt gehen wir ins Höhlenkloster. Dort sind nun wieder Mönche. Sie können auch mit Ihnen sprechen. Bitte kaufen Sie dort eine Kerze für einen Rubel, wir brauchen sie beim Besuch der unterirdischen Gänge, das Geld wird außerdem Ihre Spende für die Kirche sein.«

Am Abend nimmt mich Sascha mit auf den großen Revolutionsplatz am Krechtschatik, dem Hauptboulevard im Stadtzentrum. Hier bietet sich allabendlich ein ähnliches Bild: Das Volk kommt in großen Massen zusammen, um gemeinsam zu diskutieren, zu feiern und religiöse Lieder zu singen. An vielen Stellen des Platzes haben sich Gruppen gebildet. Was früher die Großmütter taten – vor den Kirchen die Jugend in Glaubensfragen unterweisen –, das tut nun die Jugend, und zwar mit großem Engagement. Sie bezeugen ihren Glauben, sie halten zu zweit oder zu dritt Dialogpredigten, singen zur Gitarre, führen Verkün-

Perestroika in Kiew: Am Abend wieder zum Krechtschatik

digungsspiele auf, und sie fordern zur Diskussion heraus. Viele der Umstehenden ergreifen auch das Wort. Und bei den angestimmten Liedern singen viele mit. Das Ganze wirkt auf mich wie ein kleiner Kirchentag. Man trifft Gruppen der Orthodoxen, der Baptisten, der Pfingstler und anderer Denominationen.

An einer anderen Stelle sitzen zwei ältere Männer, spielen auf der Bandura, einem alten ukrainischen Volksinstrument und singen dazu zweistimmig alte ukrainische Lieder. Das Volk steht verzaubert drumherum und summt mit. Dann üben die Sänger mit den Umstehenden die Texte ein, bis alle mitsingen können. In den Unterführungen am Rande des Platzes hört man Liedermacher, die sich vor einem begeisterten jungen Publikum produzieren. Auch da gibt es bei den Themen manch religiöse Motive.

Dieses abendliche Schauspiel hatte ich auch gestern schon gesehen, aber für eine einmalige Sache gehalten. Heute jedoch erkenne ich den einen Prediger von gestern wieder, neue dazu, da sitzt auch wieder einer der Banduraspieler, und dort drüben haben die jungen Baptisten einen jungen amerikanischen Gast dazubekommen. Auch

Alexej entdecke ich mit seinen Bildern und winke ihm zu. Sein schallendes Lachen ist weit über den Platz zu hören: »Hallo, Friedrich! Na, fühlst du dich wohl bei uns? Dann wirst du gewiß wiederkommen.«

Mir tut es leid, daß mein Flugzeug nach Bulgarien schon morgen abgeht. Aber vorher muß ich Sascha noch um eines bitten: Am Abend wieder zum Krechtschatik!

(1988)

Wiedersehen in San Francisco

Juri hatte ich vor Jahren in der Baptistengemeinde in Wolgograd kennengelernt. Ich besuchte damals auch die orthodoxe Kirche im Zentrum der Stadt. Den Gläubigen war ich jedoch beim Gottesdienst aufgefallen, weil ich nicht mitsang und manches falsch machte. Sie hatten mich gefragt, warum ich denn nicht zu den »Meinen« ginge« und mich dann zur Baptistengemeinde gebracht.

Einer kümmerte sich dort sofort um mich, den Neuankömmling. Er bot mir den Platz neben sich an, schlug mir das Gesangbuch auf, erklärte mir den Gang des Gottesdienstes, forderte mich auf, mich in der Grußstunde vorzustellen und etwas aus unserem Land vorzusingen. Und er nahm mich zur Mittagspause an die private Mittagstafel mit. Das war Juri. So wurde eine Freundschaft geknüpft, die uns noch oft zusammengeführt hat.

Ihm war es nur einmal gelungen, eine Besuchserlaubnis zu mir nach Hause zu erhalten. Trotz weiterer Einladungen meinerseits wurde ihm die Ausreise nicht mehr genehmigt. Ich hingegen war öfter bei ihm und in der Baptistengemeinde. Ich kannte seine Freuden, Sorgen und Probleme, erlebte seine wirtschaftlichen Schwierigkeiten: Als sich seine Familie immer mehr vergrößerte, wurde es in der kleinen Wohnung fast unerträglich eng, ohne Aussicht auf Veränderung der Zustände. Juri hatte schon damals den Gedanken geäußert, wenn ihm keine Verbesserung der äußeren Lebensumstände gelänge, die Probleme aus religiösen Gründen wolle er hinnehmen, werde er wohl emigrieren müssen.

Im vergangenen Jahr überraschte mich eine Nachricht von ihm: »Wir sind ausgesiedelt. Wir wohnen in Rom im Hotel. Komm doch und besuch uns hier!« Aber bevor ich die damals noch nötigen Papiere besorgen konnte, kam

Diesmal zu Gast bei russischen Freunden in San Francisco

eine neue Nachricht: »Wir sind endlich am Ziel angekommen. Nun kannst du uns hier in San Francisco aufsuchen!«

Also bin ich in diesem Jahr zu ihm nach Kalifornien gereist – und treffe seine Familie gerade im Umzug an. Wir verbringen die letzten drei Tage in San Francisco zusammen. Danach bin ich noch drei Tage mit ihnen in ihrem neuen Heimatort, in der kalifornischen Hauptstadt Sacramento. Und ich erlebe – wie schon öfter in der Sowjetunion – eine herzliche und unkomplizierte Gastfreundschaft, wo es dem Gastgeber nichts ausmacht, auch in einer Umbruchsituation des Umzuges einen Gast zu beherbergen. Juri nimmt sich trotzdem die Zeit, mich noch ausgiebig in der schönen Stadt San Francisco herumzufahren. Er kennt sich bereits gut aus und kann mir viele Sehenswürdigkeiten zeigen und erklären. Immer wieder bestaunt er dabei die neuen, ganz anderen Verhältnisse und wird nicht müde, sie mit denen der Heimat in der UdSSR zu vergleichen.

Am Abend sitzen wir in der Wohnung auf gepackten Kisten. Galina hat mir zu Ehren russischen Borschtsch gekocht. Beim Abendessen berichten sie mir von ihrer Ausreise aus der Heimat. In großer Hast hatten sie damals all ihr Hab und Gut verkaufen müssen, um die teuren Fahrkarten für die fünfköpfige Familie nach Wien bezahlen zu können. Wien ist die Ausgangsstation für Israel-Ausreisende. Der Antrag nach Israel war für sie die einzige Möglichkeit, die Aussicht auf Genehmigung hatte. Nach vielen mühevollen Behördengängen und langer Wartezeit über Jahre hin war dann plötzlich die Genehmigung erteilt worden, und die Familie mußte sich überstürzt um Auflösung ihres Hausrates und Einpacken der wichtigsten Dinge bemühen. Was nimmt man nun als Wichtigstes mit? Es sind vor allem die Dokumente, Fotos und Erinnerungsstücke und Leibwäsche. Man kann nur soviel mitnehmen, wie man selbst im Koffer tragen kann.

Und dann ging alles ganz schnell – Abschied von Verwandten, von Freunden, von der Gemeinde. Erst in Wien konnten sie ihre eigentliche Absicht verraten: »Wir wollen nach San Francisco, wo bereits ein Teil unserer Familie und der Gemeinde gelandet war!« Die katholische Hilfsorganisation Caritas beriet und unterstützte sie und brachte sie nach Rom in ein großes Auffanglager, wo der nächste Transport für den Überflug in die Staaten zusammengestellt wurde. Die Caritas lieh ihnen auch die tausend Dollar für die Flugkarten, die sie dann, wenn sie wirtschaftlich dazu in der Lage sein werden, in Raten zurückzahlen können.

In San Francisco wurden sie und noch einige andere russische Baptistenfamilien von der dortigen Baptistengemeinde aufgenommen. Sie brachten sie in ihre Ausbildungsstätte, das Baptistenseminar, und boten ihnen als Übergangslösung die Wohnungen der Studenten an und Juri die Pflege des Parkgeländes um das Seminar als Zeitarbeit.

Ihr Bericht wird unterbrochen. Es kommt noch ein Gast zum Abendessen. Ein Sibirier deutscher Abstammung, der in den Nebenzimmern wohnt und bei dem Galina Teller und Löffel für meinen Borschtsch ausgeliehen hat. Er möchte gern noch ein wenig mit der Familie zusammensitzen und vor allem ihren deutschen Gast kennenlernen.

Woher er komme, möchte ich wissen. »Aus Nowosibirsk!« Ich kannte die Stadt und wußte auch eine Straße zu nennen, wo ich eine Bekannte hatte. Ich hatte dort vor Jahren deren Enkelkind, die kleine Ilona, getauft. Doch die Verbindung war inzwischen abgebrochen. »Ach, aus der Straße komme ich! Und wer sind deine Bekannten?« Als ich den Namen nenne, sind alle sehr verblüfft.. »Das war meine Großmutter!« Unser neuer Gast weiß sich vor Freude gar nicht zu lassen: »Jetzt lerne ich endlich den deutschen Pfarrer kennen, der meine Nichte getauft hat. Die Ilona ist inzwischen ausgereist.«

Am anderen Tag werde ich zur Bibelstunde in die Baptistengemeinde mitgenommen. Juris Familie möchte sich vor dem Umzug noch verabschieden. Ihm hatte es in der kleinen Gemeinde gut gefallen. Die Art der Diskussion in der Bibelstunde war ihm neu, regte ihn aber an, selbst aktiv mitzureden. Galina hingegen war weniger erbaut. Sie sehnte sich mehr nach der russischen Art: »Hier ist mir zu viel Verstand und zu wenig Herz«, klagt sie. Aber die Hilfe und die Tips, mit denen die Gemeinde den Neuankömmlingen stets zur Seite stand, haben sie dankbar angenommen. Ihnen wurde gezeigt, wie man in der Stadt neue Kontakte knüpfen kann, wie man Versicherungen abzuschließen hat, wo Sprachkurse laufen, wo man finanzielle Unterstützung beantragen und bei der Wohnungssuche beraten werden kann.

Für Juris Familie hatte diese Beratung bereits Erfolg: Sie haben in Sacramento eine schöne Drei-Zimmer-Wohnung zu einem sehr günstigen Mietpreis gefunden. Außerdem, so konnten sie erfahren, bietet die Stadt den neuankommenden sowjetischen Emigranten günstige finanzielle Starthilfen, so daß sich dort sehr viele russische Familien niedergelassen haben. Es entstand eine sehr große Baptistengemeinde. Also wollte auch Juri dort seine Existenz begründen. Und so gibt es nun hier in San Francisco eine sehr herzliche Verabschiedung mit viel Umarmungen und der Zusicherung an die Wegziehenden: »Ihr könnt euch jederzeit an uns wenden, wenn ihr weitere Hilfe braucht!«

Ich gehe Juri bei den Umzugsarbeiten zur Hand. Beim Verladen des reichlichen Hausrats merke ich, daß die amerikanischen Nachbarn der Familie, die nur mit einigen Koffern angekommen war, in dem einen Jahr sehr viel geschenkt hatten: Möbel, Geschirr, Besteck, Wäsche, Gardinen, fünf Fahrräder, Lampen, Teppiche und anderes. Juri meint, er sei schon wieder so komplett eingerichtet wie in der Heimat.

Dann geht es los, nach Sacramento. In der neuen Wohnung hatten schon andere Helfer die Räume vorgerichtet und auf Hochglanz gebracht, Gardinen aufgehängt und überall Blumen zur Begrüßung aufgestellt. In kürzester Zeit war alles wohnlich eingerichtet. Galina hatte im Kopf die Anordnung bereits fertig gehabt. Warmer Borschtsch war noch vom Vorabend im Thermobehälter. Der gibt nun gleich die Grundlage für ein erstes festliches Mahl im neuen Heim. Die Familie steht zu einem langen Dankgebet um den vorerst noch improvisierten Tisch, allen singen einen fröhlichen Choral, und Mutter Galina begleitet uns auf der schnell noch ausgepackten elektronischen Orgel. Dann setzen wir uns an die Tafel und feiern den gerade begonnenen neuen Lebensabschnitt. Vater Juri hält eine lange Rede, die Mut und Zuversicht ausdrückt.

Am Sonntag geht die Familie zum ersten Mal im neuen Wohnort zur Kirche. Der Weg führt vorbei an der russisch-orthodoxen Kirche. Unweit davon befindet sich eine kleinere Kirche der schwarzen Pfingstgemeinde. Laute rhythmische Musik dringt nach draußen und lockt uns an. Neugierig treten wir ein. Der Prediger wiederholt gerade die letzten Gedanken seiner Predigt, formuliert daraus einen einprägsamen Satz, der Klavierspieler untermalt musikalisch das Gesagte. Der Prediger sucht dazu eine Melodie, die von der Gemeinde aufgegriffen und mit Klatschen und Stampfen unterstrichen wird. Dazu formiert sich ein Chor, der nach vorn eilt und mit Solisten und Musikinstrumenten den Gesang der Gemeinde verstärkt. Die Musik wird immer lauter und steigert sich fast bis zur Ekstase, bis sie nach etwa fünfzehn Minuten abbricht. Die Gemeindemitglieder setzen sich wieder, man umarmt den Nachbarn oder reicht ihm die Hände. Danach geht der nächste Prediger nach vorn zum Pult. Wir schleichen uns wieder hinaus. Einer hatte uns vorher schon Formulare in die Hand gedrückt und gefragt, ob wir in die Gemeinde aufgenommen werden möchten. Nein, wir wollten als Gäste nur mal hereinschauen, wir gehörten nach nebenan zu den russischen Baptisten. »Auch gut so!« Herzliches Händeschütteln.

Das sehr große Gemeindehaus der Baptisten nebenan ist überfüllt. Die Leute stehen auch noch dichtgedrängt im Vorraum, in der Veranda und unterm Vordach. Für uns Neuankömmlinge waren in der ersten Reihe Plätze reserviert. Nach dem Eingangslied fordert der Gemeindeleiter auf, die Neuen mögen sich vorstellen. Es sind in dieser Woche wieder zwanzig neue Leute aus drei Familien angekommen. Alle Altersgruppen sind vertreten, vom Säugling bis zum ehrwürdigen, langbärtigen, alten russischen Patriarchen. Beim Vorstellen merkt man, sie sind das Reden vor vielen Menschen gewöhnt. Sie hatten auch in der Heimatgemeinde aktiv mitgetan, selbst etwas aufgesagt, im Chor mitgesungen, in der Gemeinde ein Amt bekleidet oder selbst gepredigt.

Juri ist dran. Er erklärt, daß er nicht direkt aus der UdSSR käme, sondern schon ein Jahr in San Francisco gelebt hätte. Dann stellt er seine Frau Galina vor. Sie war in der Heimat Verkäuferin gewesen, hatte in der Gemeinde das Harmonium gespielt und selbst einen der Chöre geleitet. Dann gibt er den drei Kindern das Zeichen, daß sie sich selbst bekannt machen sollten. Lena, Serjoscha und Andrej sind 14, 12 und 10 Jahre alt. Dann nennt Juri seinen Namen. Er wäre in der Heimat Assistenzarzt gewesen und hoffe, nach dem Sprachintensivstudium und der medizinischen Umschulung bald wieder seine ursprüngliche Arbeit aufnehmen zu können.

Dann bekomme ich als Gast der Familie von ihm einen Wink, daß auch ich mein Sprüchlein aufzusagen hätte. Ich tue es und setze an das Ende als Grußwort einen Bibelvers. Die Gemeinde antwortet im Chor – aus alten Zeiten in der Heimat gewohnt – »Wir danken!« Und dann höre ich zu meiner Überraschung aus der Gemeinde fünf Zurufe von Leuten, die mich bei meinen früheren Besuchen in Wolgograd, Nowosibirsk, Dushanbe und Kischinew kennengelernt hatten: »Friedrich, sei begrüßt! Und sing uns

Die russische Baptitengemeinde von Sacramento

was!« Ich bin erstaunt, wie klein die Welt doch ist, erfreut über das Wiedertreffen und gleichzeitig bestürzt, daß schon so viele meiner Bekannten die Heimat verlassen haben. Ich singe ihnen mit Vergnügen den Choral »Großer Gott, wir loben Dich« vor. Sie kannten ihn auch. Überrascht bin ich, als mir nach dem Gottesdienst einer aus dem dazugehörenden Rundfunkstudio den Gesang vom Band nochmals vorspielt und mich bittet, ob ich das nicht später noch um einige Lieder erweitern könne, damit sie es dann in der UdSSR senden könnten.

Nach der Vorstellung präsentiert sich ein Gemeindechor von ausgezeichneter Qualität. Mehrere Prediger sprechen zur Gemeinde. Sie reden frei und rhetorisch gewandt. Kinder sagen Gedichte auf, Jugendliche tragen einzeln oder in Gruppen Lieder zur Gitarre vor. Gemeindemitglieder aus der Versammlung gehen nach vorn, um zur Gemeinde zu sprechen. Man erkennt bald: Für die Gemeinde ist die Eingliederung ein großer Gewinn. Aber ebenso ist das für die Sowjetunion ein enormer Verlust, wenn sie ihre besten Leute verliert.

Der Gottesdienst wird festlich gefeiert, mit viel frohem Gesang. Das Gebet ist sehr ausführlich und lang und wieder in der üblichen Weise russischer Mentalität – mit viel Tränen der Freude, der Dankbarkeit, aber auch des Gedenkens und der Sehnsucht nach den Zurückgebliebenen in der alten Heimat. Sie möchten sie gern auch bald hier haben.

Mit dem Mittagessen wird das Zusammensein unterbrochen. Ich nutze natürlich die Gelegenheit, um die anderen Bekannten zu begrüßen. Sie weinen Tränen der Wiedersehensfreude, und es gibt so große Umarmungsszenen, daß sie an sozialistische sowjetische Staatsbegrüßungen erinnern. Aber ich habe längst gelernt, daß der »Bruderkuß« und die Umarmung in der russischen Gemeinde üblich sind und ehrliche Herzlichkeit zeigen möchten.

Dann sind wir zur Tisch bei Galinas Eltern eingeladen. Die waren vor knapp zwei Jahren hier angekommen und haben bereits ein hübsches einstöckiges Holzhäuschen erworben, ähnlich der russischen Bauart. Viele andere Gäste sind noch dazugeladen. Einer ist Koch und stammt auch Dushanbe. Er hat den Plow zubereitet. Das ist ein mittelasiatisches Reisgericht mit Möhren und Hammelfleisch, das in heimatlicher islamischer Welt nur von Männern zubereitet werden darf. Auch er hatte mich wiedererkannt und wußte noch, bei welchem Deutschen ich in Dushanbe gewohnt hatte. Die Eltern von Galina kannte ich von meinen früheren Wolgogradbesuchen. Wir feiern also Wiedersehen. Zum Essen wird russischer grüner Tee gereicht und die typischen russischen dickeingekochten süßen Früchte – Warenie. Balalaika und siebenseitige Gitarre sind auch vorhanden. Man singt geistliche Lieder und russische Volksgesänge und vergißt völlig, daß man sich eigentlich in den USA befindet. So sitzen die Russen viele Abende gesellig beieinander, halten Kontakt miteinander und überwinden das Heimweh. Allerdings lernen sie so auch schlechter die neue Sprache und müssen darum oft ihre Kinder, die in der Schule längst integriert sind, nach den englischen Vokabeln fragen.

Es sammeln sich in Sacramento immer mehr russische Familien. Die Stadt bietet günstige Bedingungen für Arbeitsstellen und Wohnmöglichkeiten, sie gibt gute finanzielle Starthilfen und ausreichende Renten. Die amerikanischen Nachbarn erkannten aber auch bald, daß sich die besten der russischen Wissenschaftler, Lehrer, Handwerker in ihrer Stadt ansiedeln. Sie freuen sich darüber und gewähren ihnen Nachbarschaftshilfe. Ich erfahre das zum Beispiel am nächsten Abend, als Juri, Galina und ich bei einer amerikanischen Familie eingeladen sind – und danach Juri mit einem neuen Tisch und Galja mit Tellern und neuen Kochrezepten heimziehen. Der provisorische Tisch im Wohnzimmer – es war die Holzkiste mit dem Schachbrett – hat also bereits am dritten Abend ausgedient.

Die Russen sind verwundert und gleichzeitig beglückt über die großartige Toleranz, die ihnen die Amerikaner entgegenbringen. Die bestaunen den Mut der Aussiedler zum Neubeginn, schwärmen von der russischen Mentalität und bewundern deren Glauben. Die Russen selbst aber senden wehmütige Gedanken in die Heimat: »Hätten wir solche Toleranz und Hilfe dort erfahren, wären wir wahrscheinlich noch heute da. Die große Toleranz der Amerikaner aber wird uns auch helfen, daß wir hier bald eine innere Heimat finden!«

(1991)

Prinzip Hoffnung

Juri fährt mich zu den Sehenwürdigkeiten San Franciscos. Wir landen schließlich an der Golden-Gate-Brücke, steigen aus und schauen vom zugigen Hügel hinüber auf den einen Stützpfeiler des gewaltigen Bauwerkes. Juri fordert mich auf, wieder ins Auto zu steigen, weil er mir diese besondere Attraktion seiner neuen Heimat näher zeigen wolle. Doch ich kann nur spotten: »Aber Juri, was willst du mir denn zeigen? Die Brücke liegt ja total im Nebel. Es ist nur der eine Stützpfeiler auf unserer Seite zu sehen. Auf welches waghalsige Unternehmen willst du dich da einlassen, wenn du jetzt ohne Sicht über einen gähnenden Abgrund fährst, weißt du, ob es drüben auch einen tragenden Stützpfeiler gibt? Und was willst du drüben im schlechten Wetter?« Er lacht über den Scherz. Aber dann wird er ernst und meint:

Die Golden Gate und Juris »Prinzip Hoffnung«

»Genau das ist für mich das ›Prinzip Hoffnung‹, nichts zu sehen und trotzdem beherzt loszufahren. Natürlich sagt mir meine Erfahrung, daß auch auf der anderen Seite wieder die Sonne scheinen wird, ich weiß, daß es dort einen anderen Stützpfeiler gibt. Aber ich sehe ihn nicht und fahre trotzdem mit der Hoffnung in den Nebel hinein.« Ich steige ein, und Juri fährt nachdenklich fort: »Weißt du, als ich aus Rußland ausgereist bin, hatte ich außer meiner großen Familie und den Koffern nichts in der Hand. Wir fuhren in einen Nebel hinein, ohne voraussehen zu können, ob für uns in den Vereinigten Staaten die Sonne scheinen, ob es dort einen solchen tragenden Stützpfeiler geben würde. Aber wir sind trotzdem losgefahren – mit diesem ›Prinzip Hoffnung‹ im Herzen! Als religiöser Mensch kann ich es auch ›auf Gott vertrauen‹ nennen. Ich brauche es immer wieder, um in der Ungewißheit des vor mir liegenden Tages trotzdem beherzt loszugehen!«

Ich habe etwas von Juri gelernt und denke seitdem oft an ihn, wenn ich mich mal wieder mit diesem »Prinzip Hoffnung« tapfer auf den Weg ins Unbekannte machen muß.

(1991)

Der da singt, ist unser Paster

Nachdem ich nun schon so oft »illegal« die Sowjetunion bereist habe, mit meinem »wilden Tourismus« zu sozialistischen Zeiten sogar dem Ansehen der Kirche geschadet haben soll, kommt nun nach der Wende plötzlich auch eine Wende der Einschätzung meiner »Reise«tätigkeit. Die Kirchenleitung bittet mich ganz offiziell, im großen Land Gemeinden der Wolgadeutschen zu betreuen.

Für drei Monate war ich von meiner Geraer Gemeinde abkömmlich.

Nach Absprache mit der Kirchenleitung habe ich mich für die Hauptstadt Sibiriens, Nowosibirsk, entschieden. Die Kirchenleitung entließ mich nach allen Beratungen mit der zögernden Auskunft: Sie kenne den Stil meines abenteuerlichen Reisens und die Art meiner waghalsigen Unternehmungen. Darum nur hätte sie auch den Mut, mir diese vage Entsendung zuzumuten. Denn sie wisse weder genau, wo sich in Nowosibirsk eine oder mehrere Gemeinden sammelten, noch könne sie mir sagen, wohin ich nachts mein Haupt betten könne. Ich müsse alles selbst suchen und organisieren – aber bitte, im Nachhinein dann ausführlich berichten.

Ja, genauso brauche ich es. Das Unbekannte hat mich immer gereizt, und unbekümmert sage ich zu.

Die Quartierfrage klärt sich bald. Vor zwanzig Jahren hatte ich in Nowosibirsk die kleine Ilona Zimbelmann getauft und mit der Großmutter Emma weiter Briefkontakt gehalten, der jedoch plötzlich abgebrochen war. Bei meinem Besuch 1991 in San Francisco beim emigrierten Juri aus Wolgograd hatte ich zufällig Ilonas Onkel getroffen. Von ihm erfuhr ich, daß die Großmutter gestorben und Ilona mit der Mutter nach Sonneberg übergesiedelt sei. Er gab mir sogar die Telefonnummer von Mutter Elvira. Welches Hallo, als ich dann, wieder zurück in der Heimat, bei Elvira anrief.

Nun wäre mir das Wissen einer ehemaligen Nowosibirskerin gewiß hilfreich. Also rufe ich wieder in Sonneberg an: »Du, Elvira, ich reise demnächst in deine ehemalige Stadt. Wo kann ich dort wohnen?« »Na, großartig. Da gibt es mehrere Möglichkeiten. Du kannst in unsere alte Wohnung gehen, die ist noch nicht verkauft. Du gehst zu Irina, meiner Freundin und damaligen Arbeitskollegin, sie hat den Schlüssel. Sie kann dich aber auch bei sich beherbergen. Sie wohnt auch in der Sorge, wo wir einst waren. Ich werde dich anmelden, daß du kommst.«

So einfach geht das.

Als ich dann einige Tage später in Nowosibirsk ankam, nachts um drei Uhr, habe ich mich im Taxi vorfahren lassen, bis sieben Uhr auf dem Koffer vor der Tür eine anständige Besuchszeit abgewartet in der Hoffnung, diese Tür ohne Nummer und Namensschild ist die richtige. Sie war es. Irina und Tolja nahmen mich mit großer Herzlichkeit auf, als sei ich ein alter Bekannter.

Es gab noch eine dritte Wohnungsvariante, die ich dann angenommen habe. Im Nachbarwohnblock hatten Irina und Tolja für den noch ledigen Goldsohn Andrej eine Zweiraumwohnung gekauft. Da er jetzt in den Sommermonaten viel unterwegs war, war sie frei, und ich habe mich in einem Zimmer einlogiert. Abends besuchte ich stets Irina und Tolja, bin fast mit Familienanschluß in den russischen Alltag einbezogen worden und habe die Lebensverhältnisse einer Familie und deren Freunde näher kennengelernt.

Irina hat noch ihre alte Arbeitsstelle. Sie ist Ökonom und hält die Familie zusammen. Sie hat oft und gern Gäste, kocht gern und gut und lacht viel. Ihr Ehemann Tolja war Ingenieur, ist aber, wie viele, arbeitslos. Aber er ist einer jener fleißigen Russen, die sich nicht unterkriegen lassen. Die Leute bringen ihm Felle von Tieren, die sie heimlich in der Taiga gefangen oder geschossen haben. Auf dem Balkon gerbt er die Felle für sie. Wegen des Gestanks, den diese Arbeit verbreitet, kann er nur im Freien arbeiten. Darum nutzt er die kurze warme Jahreszeit von Juni bis August auf dem Balkon. Er gönnt sich keine Atempause, selbst das Essen schlingt er schnell herunter. Aber wenn Gäste da sind, die Großmutter oder die lustige Kasachin Schura aus Alma Ata, die hier alle Monate eine Woche lang ein bißchen handelt, und die dann den Plow ihrer Heimat so vorzüglich kocht, dann setzt sich Tolja gesellig dazu.

Wenn von den abgegebenen Fellen kleine Ecken übrigbleiben, näht Irina davon Pelzmützen, so wie sie überall in den Straßen angeboten werden. Eine kostet etwa 50 DM, das macht die Hälfte ihres Monatslohnes aus.

Auch Andrej ist nach seinem Studium für Erdvermessung arbeitslos geblieben. Er schlägt sich von Arbeitsstelle zu Arbeitsstelle durch. Zur Zeit hat er einen Job bei der Polizei gefunden, geht zwar vornehm mit Schlips und Kragen zur Arbeit, muß bei den Straßenhändlern die Zulassungspapiere kontrollieren, aber er meint, er halte diese Arbeit psychisch nicht lange durch. Es drehe ihm das Herz um, wenn er fast alle verknacken muß zu einer Geldstrafe, die die Höhe ihrer geringen Einnahmen übersteigt.

Bei Andrej wohne ich nun in typisch russischer Umgebung. Er ist noch jung, nicht besonders ordentlich, das Saubermachen besorgt einmal im Monat die Mutter. Er ist großzügig im Detail. Die Tür zum Korridor beispielsweise hält nur zu, wenn man ein Pappstück dazwischenklemmt, das aber bei jedem Öffnen wieder herunterfällt. Andrej hebt es unermüdlich wieder auf, wenn er die Tür schließen will. Daß man das Pappstück aber auch mit einer Reißzwecke befestigen könnte, im Treppenhaus liegen genug herum, darauf kommt nur der ausländische Gast. Andrej registriert es mit anerkennendem Staunen. Sein Verhalten ist typisch für viele Russen. Ihnen genügt das mühevollere Provisorium. Die Deutschen, die in dieser Gegend wohnen und sehr auf Ordnung bedacht sind, leiden unter dieser Nachlässigkeit und Gleichgültigkeit. In vielen russischen Wohnungen ist vieles schadhaft, es wäre mit einigen Handgriffen zu reparieren, aber wozu? Es stört doch keinen.

Bisher waren in meiner Neubauwohnung trotz der großen Hitze von 33 Grad C Bad und Klo geheizt. Nun, da es regnet und kühl geworden ist, ist die Heizung abgestellt und das Wasser dazu. Durch die Wohnung sausen viele Küchenschaben. Selbst wenn ich die Kühlschranktür öffne, fallen welche heraus und sind mobil. Ich muß alle Lebensmittel in Schraubgläsern verwahren. Die muß ich mir aber, da sie Importware sind, erst mühsam mit beliebigem Inhalt zusammenkaufen. Ich denke schon an die Rückreise, wie sorgsam ich dann mein Gepäck inspizieren muß, damit ich keine Schaben exportiere.

Im Hausflur ist auf der unteren, nach Urin stinkenden Treppe seit wenigen Tagen eine große Blutlache, die ein Betrunkener hinterlassen hat. Es kümmert keinen, man geht eben im großen Bogen drumherum.

Der Alkoholismus ist wegen der Perspektivlosigkeit das größte Problem. Allein von meinem Fenster aus kann ich täglich mindestens fünf Betrunkene sehen, oft noch mehr, dazu die vielen anderen in der Stadt. Eines Morgens herrscht große Aufregung. In der großen Pfütze vorm Haus war in der Nacht ein Betrunkener, mit dem Gesicht im flachen Wasser liegend, ertrunken.

Heute am 7. Juli ist im russischen Kalender der Feiertag »Johannes der Täufer«. Und von der »Taufe« bleibt keiner verschont, der heute aus dem Haus geht. Die Kinder lauern mit vollen Wassereimern, Kannen und Flaschen den Passanten auf und haben sich auch alle gegenseitig schon übergossen. Ich bin knapp einem Wasserstrahl entkommen, der mich von einem Balkon aus treffen sollte. Von da an bin ich vorsichtig und nur noch auf der Mitte der Straße gegangen. Aber im Autobus hat es mich dann doch voll erwischt, als ein Wasserstrahl durchs offene Fenster hereinkam.

Nach dem Regen der letzten Tage haben sich die unbefestigten Straßen mit dem allgegenwärtigen Staub in grandiose Schlammwege verwandelt. Warum habe ich keine Gummistiefel mitgenommen?

Genug vom allgemeinen Eingewöhnen unter den neuen Bedingungen. Ich bin ja nicht als Tourist hier, sondern ich will in der Gemeinde arbeiten. Aber es ist gut, daß ich die Situation kenne, unter der die Menschen hier zu leben haben.

Irina und Tolja helfen mir bei meiner Suche nach der deutschen Gemeinde. Sie haben schon etwas entdeckt. Im Klub »Clara Zetkin«, heißt es, träfen sich Deutsche. Die Großmutter wird bestellt. Sie soll mich dorthin begleiten. Sie hat Zeit, kennt sich aus, und sie darf als Rentnerin gratis die öffentlichen Verkehrsmittel benutzen.

Das ist schon ein Problem mit den Verkehrsmitteln. Bis der Bus endlich kommt, kann eine Stunde vergehen. Von den Menschen, die sich bis dahin versammelt haben, schaffen es nur die Energischsten einzusteigen. Die Großmutter hat darin eine erstaunliche Übung.

Endlich hat man es geschafft, ist drin, aber bald auch wieder draußen. Denn gelegentlich bleibt der Bus wegen einer »Havarie« auf der Strecke stehen. Dann wartet man auf den nächsten. Ich male mir schon die Katastrophe aus, wenn das »Havarieauto«, das ständig im Einsatz ist, um die technischen Versager zu reparieren, selbst mal eine Havarie hat.

Hat man endlich die Metrostation erreicht, geht es unter und über der Erde zügig weiter, bis man auf der anderen Seite des Flusses im Stadtzentrum wiederum die Straßenbahn braucht. So eine Fahrt zu einem bestimmten Ziel ist fast ein Tagesprogramm. Zuletzt war unser ganzes Unternehmen noch umsonst. Denn im Klub sagt man uns, die Deutschen träfen sich schon seit zwei Jahren nicht mehr hier. Wir sollen zu »Metallurg« gehen. Das wird das Programm für den nächsten Tag. Wieder umsonst. Im dortigen Klub treffen sich keine Deutschen, sondern zweitausend Jugendliche einer Freikirche, unlängst von Korea initiiert. Aber die Telefonistin an der Rezeption ist sehr besorgt um uns und hilft uns mit langen Telefonerkundigungen weiter. Sie verweist uns an die »Wiedergeburt«.

Am dritten Tag sind wir endlich auf einer heißen Spur. Es ist der Tag, wo sie zusammenkommen, die Deutschen, und ständig neue Mitglieder dazuwerben. Zur Zeit sind es nur etwa hundert, nach der Urlaubszeit sind es wieder mehr, bis zu siebenhundert. In der Millionenstadt Nowosibirsk sind zwei Prozent der Einwohner Deutsche. Bislang waren sie als »Faschisten« verschrieen, durften sich nicht zu ihrer Nationalität bekennen. Die deutsche Sprache war verboten. Aber nun wollen sie ihre Identität wiederfinden, ihre Sprache wieder üben. Vorlesungen an der Universität in Deutsch sollen erwirkt werden. Sie wollen in der Stadt einen deutschen Kindergarten aufmachen (der ist tatsächlich eingeweiht worden, ich habe ihn im August eingesegnet), sie haben ein deutsches Kulturzentrum gegründet, sie treten in einem deutschen Chor auf und setzen sich öffentlich zur Wehr, wenn in den Zeitungen noch immer gehässige Artikel gegen sie geschrieben werden.

So hatte die »Wiedergeburt« damals mit Jelzin verhandelt, daß die Wolgarepublik der Deutschen wiedererstehen sollte. Als das Projekt an den Intrigen und der irreführenden Propaganda der Altkommunisten an der Wolga scheiterte, haben sie ihr Ultimatum wahrgemacht und helfen nun den ausreisewilligen Deutschen bei der Beschaffung der Papiere.

Jeden Sonnabend passiert nun beides: Es werden neue Mitglieder aufgenommen, die aktiv mittun wollen, reisefertige Familien werden verabschiedet. Dazu überreicht man Blumen, es gibt viele Umarmungen, und unter Tränen wird das Heimatlied von der Wolga angestimmt:

»Schifflein, ach Schifflein,
Schifflein auf blauer Flur,
schaukle, schaukle,
schaukle der Heimat zu!«

Danach herrscht stets ergriffene Stille, und viele brauchen ihr Taschentuch. Vor diesem Gremium stelle ich mich vor und bitte, mir zu helfen, die lutherische Gemeinde zu finden. »Seid bitte so gut und wiederholt noch einmal alles auf Russisch, denn wir haben es noch nicht richtig verstanden«, klingt es aus dem Raum.

An diesem Sonnabend war gerade niemand aus der Gemeinde anwesend. Der vorangegangene strenge Gemeindeleiter, Bruder Gottlieb, hatte die Anwesenheit von Gemeindemitgliedern in dieser »weltlichen« Versammlung nicht gern gesehen. Aber die anderen konnten mir eine Andeutung machen: In der Stepnaja müßte das Gemeindehaus sein. Aber das sei eine lange Straße. Da müßte ich schon ein bißchen länger suchen.

Das tat ich am Sonntag früh. Die Stepnaja ist so eine unbefestigte Straße altsibirischen Stils mit Holzhäuschen und kleinen Gärten drumherum. Bei einer Familie frage ich nach der deutschen Kirche. Antwort: »Ich weiß nichts!« Natürlich wissen sie es. Aber es steckt noch die alte Angst aus sozialistischen Zeiten in den Leuten: Es ist besser, nichts zu wissen, nichts zu sagen, nichts zu verraten.

Beim nächsten Haus, das mir sehr deutsch aussieht, das heißt, alles ist renoviert, ein akkurater Gartenzaun und im Gemüsegärtchen die Pflanzen in Reih und Glied stehend, war ich tatsächlich bei Deutschen gelandet. »Nein, wir sein net de Kerch, die ist noch weiter hinter zu, etwa bei der Nummer 200, ihr mißt noch ein halbes Stindle laufe. Es is do, wo e Pferd neben der Tir steht!«

Und so habe ich nach einer Woche tatsächlich die Kirche und die Gemeinde gefunden, in der Stepnaja 205.

Mein Dienst kann beginnen.

1. Monat

»Bruder Gottlieb, kann ich Eich spreche?«

»Nein ich hab zu tun!«

»Bruder Gottlieb, kann ich Eich heit spreche?«

»Nein, ich hab auch heit zu tun!«

»Bruder Gottlieb, nu endlich, kann ich Eich heit spreche. Nu sagt net wieder nein. Dos is doch heit die letzte Gelegenheit. Nochher wird mei Fraa konfirmiert. Und wenns net mit mir heit aa werd, werds nimmer. Konfirmiert mich aa! Jetzt glei im Gottesdienst.«

»Nein! Kennt Ihr denn die Gebote und den Glauben und das alles? Ihr wart doch net zur Konfirmandenstunde.«

»Freilich! Ich mußt doch beim Lernen mei Fraa immer abfrogn, ich kann das alles genausogut wie sie. Nu fragt mich ab und konfirmiert uns zusammen!« Und so seind sie miteinand in die Kerch eingezugen, hinter ihnen die andern Burschen und Mannsbilder, dann die jungen und älteren Frauen, die Gemeinde aber hat große Aagn gemocht.« So hat es mir die Lydia erzählt im charakteristischen Tonfall.

Die Geschichte beschreibt die Lebensäußerungen einer mündigen lutherischen Gemeinde, die in der sibirischen Ferne seit ihrer Vertreibung 1941 von der Wolga, ohne ausgebildete Theologen trotzdem ihren Glauben erhalten hat und sich als Gemeinde sammelt. Sie zeigt aber auch die strenge Gemeindezucht innerhalb ihrer Versammlungen. Die Strenge reicht bis in Äußerlichkeiten, wie man sich im Gottesdienst zu kleiden und was man alles im Alltag zu meiden hat.

Solche strengen Formen ihrer Frömmigkeit sind erklärlich. Was haben doch die Menschen für grausame Schicksale erlebt. Jeder könnte Romane schreiben von der Vertreibung aus der Heimat an der Wolga oder anderen angrenzenden Gebieten. Sie waren nachts aus ihren Häusern geholt worden und nur mit einem Nachthemd bekleidet, zwei Monate in einem geschlossenen Viehwagen ohne Nahrung und Heizung in den sibirischen Winter verfrachtet worden. Nur ein kleiner Teil ist lebend angekommen. Erna erzählt, daß ihr Kind gestorben sei, sie habe es noch drei Tage im Arm gehalten, dann mußte sie es doch zur Waggonluke hinauswerfen. Ella berichtet davon, daß man sie auf der freien kasachischen Steppe ausgeladen habe, wo weit und breit keine menschliche Ansiedlung war. Mit den Händen hätten sie sich Erdlöcher gegraben und Gras gegessen. Von den acht Geschwistern hat sie als einzige überlebt. Am Ankunftsort mußten sie in der Arbeitsarmee hart arbeiten bei geringster Verpflegung. Auch das haben nur wenige überlebt. Und diese wenigen bestätigen alle: »Nur ein starker Glaube hat uns geholfen, nicht zu verzweifeln, er hat uns erstaunliche Kräfte zuwachsen lassen. Also müssen wir nun auch weiter diesen Glauben stark erhalten!«

Etwas von diesem starken Glauben spüre ich in ihren Gottesdiensten, die für mich beeindruckend sind, freilich

Gottesdienst der evangelisch-lutherischen deutschen Gemeinde in Nowosibirsk

oft auch sehr fremdartig. Sie singen gern und viel, aber enorm langsam. Weil sie nur wenige Gesangbücher herübergerettet haben, wurde vieles nachträglich aus dem Gedächtnis rekonstruiert und handschriftlich neu zusammengestellt. Zeile um Zeile sagt der Leiter das Lied an, das ist bis heute so geblieben. Die Unterbrechung der laufenden Melodie bringt sie öfter aus dem Konzept, sie müssen neu beginnen und nach der Melodie suchen. Oft verlieren sie bei den Unterbrechungen auch gewaltig an Tonhöhe. Und manche Lieder singen sie mit so vielen verzierenden Schleifen, daß ich fast nicht mehr die Originalmelodie erkenne. »Mr wissens selbst, daß mer e weng zerrig singe, aber die musikalischen Leit sinds schon ausgereist.«

Die vom Leiter verlesene Predigt stammt noch aus der Zeit an der Wolga, ist von Pastor Carl Blum, herausgegeben 1884. Die Predigt ist zwar gut, aber ihre Beispiele sind längst veraltet und treffen die Situation der Gemeinde längst nicht mehr.

Nach dem Gottesdienst, der noch genau nach der Wolga-Agenda gehalten wird, werden auf dem Altar die beiden elektrischen Lampen gelöscht. Es schließt sich die

»Versammlung der Brüder« an. In diesem Gottesdienst hat man die Freiheit, sich von vorgegebenen Konzepten zu lösen. Der Gesang ist zügiger und richtiger und ohne zeilenweises Ansagen. Das Gebet hat die Gemeinde in eigene Regie übernommen. Es wird oft und ausgiebig gebetet, stehend oder kniend, oft begleitet von vielen Tränen. Meist gehen drei Brüder »ans Wort«, manche unvorbereitet, wenn sie der Leiter unmittelbar vorher dazu auffordert, mühsam auch, nach den richtigen deutschen Worten suchend, so daß die Gemeinde helfend einspringt. So war es zum Beispiel auch mit dem anderen Bruder Friedrich, ein »schwacher« Bruder, das heißt, wie »schwach« er mit der Sprache und der Auslegung des Evangeliums zurechtkommt. Der wird meist nur mittwochs »ans Wort« gestellt, wo weniger Leute anwesend sind, und wo man es darum eher mit ihm ertragen kann. Mit großer Mühe ringt er sich fünf deutsche Sätze ab, die er aus der Bibel vorliest. Dann will er dazu etwas sagen, verliert den Faden, beginnt neu, verhaspelt sich, weiß weder Anfang noch Fortgang. Und dann plötzlich, nach einigem mühsamen Gestammel, wo jeder zwar gern mithelfen möchte, aber noch nicht weiß, worum es denn eigentlich gehen soll, da plötzlich gewinnt er den Abgang mit einem außergewöhnlichen Schluß im fließendem Hochdeutsch, das ihm sonst gar nicht zu eigen ist: »So, tschüs, liebe Gemeinde, macht's gut, bleibt gesund, und der Herr segne meine schwachen Worte. Amen.«

Anders hingegen ist der junge Edik. Der ist gut vorbereitet. Aber er kann nur russisch predigen, doch so haben die jüngeren Gemeindemitglieder, die längst kein Deutsch mehr können, einen Gewinn vom Gottesdienst.

Und nun komme ich daher, unangemeldet, um den verblüfften Gemütern zu verkünden: Ich bin euer neuer zeitweiliger Pfarrer. Das hinterläßt bei ihnen keinen Eindruck. Was ist denn das, ein Pfarrer? Nur die Alten können sich noch an die Verhältnisse in der Heimat erinnern, wo es noch Pfarrer gab. Aber die waren unter Stalin alle umgebracht worden, manche erschossen vor ihren Augen. Der letzte, einer der wenigen, die überhaupt noch übriggeblieben waren, Pfarrer Eugen Bachmann, war aus Altersgründen vor zwanzig Jahren aus Kasachstan ausgesiedelt. Die einzige Antwort, die sie darum für mich »zeitweiligen« Pfarrer übrig haben, lautet: »Meinetwegen könnt Ihr bleiben, aber Geld und Quartier könne mr Eich net gebe.« Manche haben mich auch kritisch beäugt und gedacht – das verrieten sie mir später – jetzt ziehen so viele Prediger, Redner und Agitatoren durch das Land, besessene, liberale und fanatische, daß man gar nicht mehr weiß, wer hat denn nun die Wahrheit? Ob der da auch ein falscher Prophet ist? Wir müssen es erst prüfen! Und schließlich sind die Gemeindeleiter bewährte Prediger, Vorbilder der Gemeinde und gestandene Leute. Jetzt kommt da ein Unbekannter daher, um den Leiter gar abzusetzen?

Sie begrüßen mich nicht mit fliegenden Fahnen. Es heißt lediglich: »Ihr könnt ja im nächsten Gottesdienst ein Grußwort sagen.«

Als ich aber vorm darauffolgenden Gottesdienst dem Prediger meine aufgeschriebene Predigt vorlege, wird die Situation bereits im Vorzimmer geklärt: »Nein, das könnt Ihr nicht vorlesen. Wir haben unsere eigene Predigt aus dem Buch. Die dürfen wir nicht weglassen. Das erlaubt uns keiner. Änderungen im Gottesdienst sind nicht möglich. Er wird so gehalten wie immer. Das werden Euch auch die anderen Brüder und die ganze Gemeinde bestätigen. Ihr könnt im zweiten Teil, in der ›Versammlung der Brüder‹ wieder ein kurzes Wort sagen. Aber eigentlich sollen da die anderen Brüder zu Wort kommen. Wenn Ihr uns schon helfen wollt, dann packt lieber mit an, wenn wir in der nächsten Woche unser Gemeindehaus renovieren wollen. Da ist der Saal zu malern, der Gartenzaun zu streichen, das herumliegende Holz zu zersägen und zu stapeln. Und für die nächste Woche haben wir einige Meter Brennholz bestellt, die sind in den Hof hereinzuräumen. Bei all dem können wir Euch brauchen!«

Ich helfe mit, zerschinde mir die ungeübten Hände und frage mich ständig, ob das der eigentliche Zweck meiner Aushilfe ist. Aber den anderen Sinn der praktischen Arbeit

Arbeitseinsatz in der deutschen lutherischen Gemeinde

erkenne ich bald. Ich komme in diesen Tagen mit den Gemeindemitgliedern gleich so ins Gespräch, daß sie mir ihre Lebensschicksale erzählen. Ich kann mich ihnen auch bekannt machen. Da die Unterhaltungen in beiden Sprachen geführt werden, übe ich mich noch im Russischen. Wenn wir in den Ruhepausen gemeinsam aus der großen Schüssel die Suppe löffeln, bin ich schon einer von ihnen geworden.

Nachts aber liege ich in meinem russischen Bett, grübele darüber nach, wie ich Zugang zur Gemeinde finden könnte, um ihnen auch geistlich zu helfen. Irgendwo im Neubaublock übt jemand um ein Uhr auf dem verstimmten Klavier die »Elise« von Beethoven, mit unermüdlichem Neuansatz. Er kommt nicht über seine ratlose Stelle hinweg, und ich komme vor Ratlosigkeit nicht in den Schlaf.

Einer meiner offiziellen Antrittsbesuche galt dem katholischen Bischof Josef Werth in Nowosibirsk. Er ist auch ein Wolgadeutscher und kennt daher die Probleme gut, die entstehen, wenn in seine Gemeinde helfende Priester aus Deutschland oder anderen Ländern kommen. Sie wollen gleich die volle Arbeit übernehmen und »entthronen« dabei zwangsläufig die bewährten einheimischen leitenden »Betschwestern«. Dann löst die Hilfe von außen oft mehr Verdruß als Freude aus. Mit großem Interesse höre ich mir seine Erfahrungen an. Ich bin ja in einer ähnlichen Lage und bitte ihn um Rat. Er empfiehlt mir, ich solle mich dem Gemeindeleiter unterordnen und nötige Veränderungen und Neuerungen nur ganz langsam und behutsam vornehmen, möglichst in Absprache mit ihm und mit Einverständnis der Gemeinde. Am besten, ich solle mich mit ihm anfreunden. Seinen Rat nehme ich gern an, in der Hoffnung, daß er mir Zugang zur Gemeinde eröffnet.

Einige Zeit später bietet sich mir ein erster Ansatzpunkt, wie ich glaube. Es ist der junge Edik, der trotz seiner siebzehn Lenze bereits zu den »starken Brüdern« gehört. Edik beherrscht die deutsche Sprache zwar auch nur mühsam. Aber ihm gestattet man großzügigerweise das Russische. In Russisch hält er eine Predigt, die er gut vorbereitet hat und die zu den Herzen der Gemeindemitglieder spricht. Sie setzten große Hoffnungen auf ihn: »Aus dem wird mal was. Und seine Familie hat noch nie die Absicht geäußert, das Land verlassen zu wollen. Also müssen wir ihn uns für die Gemeinde erhalten.« Das habe ich auch erkannt. Bei ihm muß ich ansetzen, wenn später einmal etwas in der Gemeinde bewegt und verändert werden soll. Er könnte mir dafür die Hintertür sein. So nutze ich die vielen Gelegenheiten zum Gespräch, wenn er Fragen hat. Ich komme gern seinen Einladungen nach, bei ihm zu Hause ausführlich über theologische Dinge zu reden. Die Mutter freut sich ungemein, daß ihr jüngster Sohn in ihre Fußstapfen tritt und sich so intensiv für Glaubensfragen interessiert. So ist es auch für sie eine Genugtuung, wenn sie sieht, daß er Gelegenheiten nutzt, die seinem theologischen Wissen weiterhelfen. Mit großer Freude werden darum auch von ihr meine Besuche begrüßt. Sie bereitet ein großes Festessen, manchmal hat sie noch andere Gäste dazugeladen. Dann sitzt man in großer Runde um den Familientisch, tafelt ausgiebig, führt fast nur geistliche Gespräche und singt gemeinsam noch einige geistliche Lieder. Danach zieht sich Edik mit mir in sein Zimmerchen zurück, um seine Fragen loszuwerden. Es geht zum Beispiel um Fragen wie: Taufe, Wiedergeburt und das überall bei den Russen beredete Thema aus der Offenbarung vom tausendjährigen Reich Christi.

Da ich mir diese lutherische Gemeinde erst mühsam selbst suchen mußte, war ich mir nicht ganz sicher, ob ich denn auch wirklich alle gläubigen Deutschen aufgestöbert habe oder ob es noch weitere Gemeinden gibt. Ich nutze darum alle sich mir bietenden Gelegenheiten, um weiter zu forschen und zu suchen. Dabei komme ich auch nach Akademgorodok. Das ist die Satellitenstadt von Nowosibirsk mit ihrem akademischen Zentrum von Sibirien. Hier mache ich meinen offiziellen Antrittsbesuch bei der orthodoxen Gemeinde.

Ich bin ganz begeistert über die geistliche Aufbruchstimmung, die ich dort unter den vielen Akademikern vorfinde. Mitten im Birkenwald wurde vor drei Jahren eine neue Holzkirche gebaut im altrussischen Stil mit Zwiebelturm. Die ist bei jedem Gottesdienst überfüllt, so daß man jetzt erwägt, auf dem neuangelegten Friedhof noch eine weitere Kirche zu errichten. Außerdem wurden vor Jahresfrist ein orthodoxes Gymnasium mit Kindergarten für 150 Kinder eröffnet.

Ferner plant man einen großen Hotelbau, der Eltern und Gästen bei Tagungen und weiteren Veranstaltungen Unterkunft bieten soll.

Als mich der Diakon herumführte, erwähnte er nebenbei den Namen eines Russen, von dem er gehört hatte, daß er eine lutherische Gemeinde in Akademgorodok führe. Genau den suche ich. Nachdem ich an anderer Stelle seine

Adresse ausfindig gemacht hatte, fand ich etwas ganz anderes vor – eine Besonderheit.

Vsevolod Lytkin ist ein junger Russe aus Akademgorodok. Er hatte beim Bibellesen Zugang zum Glauben gefunden, aber nicht zum orthodoxen, wie sich das meist für Russen gehört, sondern nach dem Studium umfangreicher Literatur zum lutherischen. Dieser Weg war für ihn der einzig richtige. Er suchte Kontakt zu Lutheranern. Er klopfte bei der deutschen Gemeinde in Nowosibirsk an und bat den damaligen Leiter um seine Konfirmation. Der aber hatte ihn – in einer recht kurzsichtigen Reaktion – abgewiesen. Er sei nur für die Deutschen zuständig, nicht für die Russen. Damals wurde es vom strengen Gemeindeleiter noch abgelehnt, je ein Wörtchen Russisch zu sprechen. Also hat sich Lytkin an die lutherische Gemeinde in Estland gewandt. Dort wurde ihm in Tallin ein theologischer Ausbildungskurs vermittelt. Er hat dort sein Examen abgelegt und ist ordiniert worden. Seit einem Jahr ist er nun lutherischer Pfarrer in seiner Heimatstadt.

Mit sieben Leuten gründete er eine Gemeinde. Heute sind es bereits vierzig, die sich sonntags zum Gottesdienst in einem gemieteten Raum versammeln, außerdem vierzig Studenten, mit denen er zweimal in der Woche in einer anderen gemieteten Wohnung Bibelstunden hält, Lektionen anbietet und in den Ferien für sie Freizeiten organisiert. Seine Frau ist erfolgreich in der Kinderarbeit. Sie sammelt zur Zeit vierzig Kinder in der Sonntagsschule. Das sieht sehr hoffnungsvoll aus und wird in dieser Akademikerstadt weiter zunehmen. Da die Leute auch hier im Augenblick bitterarm sind, ist ihr Fragen und Suchen auf religiösem Gebiet besonders groß.

Ich habe den Kontakt von ihm zur deutschen Gemeinde wieder geknüpft, so daß er öfter zur Bibelstunde nach Nowosibirsk kam und gelegentlich Gäste aus seiner Studentengemeinde oder aus den USA mitbrachte. Die Nowosibirsker hatten damals seine brüske Abweisung durch den ehemaligen Gemeindeleiter sehr bedauert und freuten sich nun, als Lytkin wieder auftauchte. Sie sprechen auch

Termine mit ihm ab, damit sie ihre russisch sprechenden Verwandten in Akademgorodok zu ihm in den Gottesdienst schicken können.

Bei meiner Suche nach einer weiteren Gemeinde gerate ich noch auf ein anderes Nebengleis.

In Nowosibirsk gibt es eine Orgel, gebaut 1968 von der Firma Sauer aus Frankfurt/Oder. Die befindet sich im Konservatorium im Zentrum der Stadt, das ich aufsuche. Als ich auf den Organisten Prof. Tschulowskij treffe, entsteht gleich bei der ersten Begegnung ein herzlicher Kontakt. Ich frage ihn, ob wir nicht eine gemeinsame Musik machen sollten für Gesang und Orgel. Er sagt spontan und ohne Bedenken zu, ohne nachgeprüft zu haben, welche Katze im Sack er da erstanden hat. Ich war selbst darüber verwundert. Später bei einem Rundfunkinterview erklärte er, er ginge ja selbst mit Schülern um und müßte darum Menschenkenntnis haben. Als er mir in die Augen geblickt hätte, sei ihm klargeworden, daß wir gut miteinander arbeiten könnten.

So war es auch gewesen. Wir vergaßen über die Musik, daß wir unterschiedlichen Nationen angehörten. Nachdem einen Monat später das Konzert gewesen war, tat es uns beiden leid, auseinanderzugehen. Er kam auf die Idee: Als Bachspieler müsse er ständig den lutherischen Glauben interpretieren, ohne die theoretischen Grundlagen dafür zu kennen. Er bitte mich deshalb um Informationen über die lutherische Lehre und um Glaubensunterweisung überhaupt. Als ich beim nächsten Treffen nach den vorgesehenen drei Stunden nicht fertig war, kamen in der darauffolgenden Woche drei weitere hinzu. Immer wieder hat er wißbegierig nachgefragt, mir dazu eine Menge nötiger Vokabeln beigebracht, hatte seine Assistentin, den Manager und weitere Studenten dazugeladen, so daß der Donnerstagabend eine regelmäßige Veranstaltung wurde – über drei Monate hinweg. Am Ende immer gekrönt mit Tee und Gebäck, das von Mal zu Mal anspruchsvoller wurde, beginnend mit trockenen Brezeln, endend mit Sekt und Torte und Früchten. Er bemerkte stets: »Ich warte mit Ungeduld auf unsere nächste Begegnung.«

Als unser Konzert stattfand, merkte ich zu meiner Überraschung, daß im Saal auch aus der deutschen Gemeinde Zuhörer saßen. Der Gemeindeleiter hatte sich vorher noch versichert, daß wir auch wirklich geistliche Musik machten, kam jedoch selbst nicht. Die 2.000 Rubel, damals noch zwei DM, konnte er sich bei seiner Rente von 25 DM nicht leisten. Die Gemeindemitglieder aber waren zahlreich vertreten und zeigten ihre Begeisterung. Nach jedem Lied kamen sie mit Blumen nach vorn, um sie mir zu überreichen. Als ich ihnen nach dem Konzert etwas von dem Eintrittsgeld erstatten wollte, lachten sie: »Wir haben gar nichts bezahlt. Wir haben an der Kasse gesagt, der da heute singt, ist unser Paster, da müßt ihr uns gratis einlassen. Sie haben uns Freikarten gegeben.«

Ich hörte es mit Freude. Nach einem Monat taucht plötzlich eine neue Vokabel auf: unser Paster. Das Eis ist gebrochen, der Kontakt geschlossen.

2. Monat

Ich merke es schon äußerlich. Beim Begrüßen im Gemeindehaus ergreifen sie jedes Mal mit ihren beiden Händen meine Hand: »Mr freie uns, daß Ihr do seid.« Jetzt bieten sie mir auch Wohnung bei sich zu Hause an. Allerdings kann ich das Angebot nicht annehmen, meine russischen Quartiergeber Irina und Kolja lassen mich nicht mehr fort.

Sie bringen mir jedesmal soviel Obst und Gemüse aus ihren Gärten mit, daß ich es alleine gar nicht aufessen kann. »Doch, eßt nur! Mr missen Eich gut fittern, daß Ihr uns viel beibringe kennt.« Und beim Knoblauch fügen sie hinzu: »Bei uns derft'r stinke.«

Beim Gemeindeleiter Christian habe ich mir inzwischen einen festen Platz erobert. Auf die Lesepredigt im Gottesdienst kann zwar weiterhin nicht verzichtet werden. Die liest er selbst vor, aber in mühsamem Deutsch. Bei dem einen Bibelwort, zum Beispiel aus Luk. 6,41 »Was siehst du den Splitter in deines Bruders Auge ...« gelingt ihm das Wort »Splitter« total daneben. Er verwechselt ständig die Buchstaben zu »Spilter«, auch wenn ihm die Gemeindemitglieder ständig das richtige Wort zuflüstern. Fünfzehnmal kam in der Predigt das schwere Wort vor, fünfzehnmal hat er bei der Aussprache kapituliert, fünfzehnmal haben sie helfend korrigiert, zuletzt fast alle im Chor, schon lachend auf die nächste Stelle wartend. Zuletzt wußte keiner den Inhalt der Predigt, aber alle wußten: »Das war die Splitter-Predigt!«

Nein, Christian verzichtet nicht auf den Vortrag der Lesepredigt. Aber ich darf in der »Versammlung der Brüder« an letzter Stelle predigen. Er fragt auch nicht mehr, »wollt Ihr ans Wort gehen«? Es ist schon selbstverständlicher Brauch geworden. Die Gemeindemitglieder hören sehr

Bruder Christian liest im Gottesdienst vor

aufmerksam zu. Alle rhetorischen Fragen beantworten sie gleich im Chor. Wenn ich Bibelstellen zitiere, genügen die ersten drei Worte, und sie sprechen gemeinsam die Stelle zu Ende. Bei den Beispielen reagieren sie mit, sie lachen und weinen. Nach der Predigt singe ich ihnen noch einen Choral, in der »rasenden Geschwindigkeit«, wie wir hier in Deutschland singen. Und siehe da, sie kennen den Choral, auch im normalen Tempo und singen freudig mit.

Gelegentlich tauchen neuerdings neugierige Gäste auf, die nichts von der deutschen Predigt verstehen, die aber einmal den »richtigen, echten Pfarrer« mit dem Talar sehen wollen.

Im zweiten Monat habe ich neu die Bibelstunde eingerichtet. Das Angebot nehmen sie begeistert an und sind froh, eine Stunde ausgiebig über einen Bibelvers miteinander reden und viele offene Fragen austauschen zu können. Ihre Bibelfestigkeit nötigt mir immer wieder große Achtung ab, wieviele Verse sie auswendig können und wie groß ihre theologischen Kenntnisse sind. Man merkt, daß sie auch zu Hause fleißig in der Bibel lesen und sich ausgiebig Gedan-

Der kleine Gemüsegarten hinterm Haus sichert Gemeindeleiter Christian Köhler das Überleben

ken darüber machen, daß ihr Glaube in den harten Schicksalen von einst und unter den heutigen materiell schweren Bedingungen erprobt ist. Auch auf dem gemeinsamen Heimweg fragen sie noch immer Dinge nach, die sie bewegt haben oder die nicht zu Ende gedacht wurden. Man glaubt ihnen, wie sie zu Beginn des Gottesdienstes immer singen:

»Herr, dein Wort, die edle Gabe,
diesen Schatz erhalte mir;
denn ich zieh es aller Habe
und dem größten Reichtum für.

Wenn dein Wort nicht mehr soll gelten,
worauf soll der Glaube ruhn?
Mir ist nicht um tausend Welten,
aber um dein Wort zu tun.«

Zum Bruder Christian habe ich einen freundschaftlichen persönlichen Kontakt gefunden. Bei ihm zu Hause sitze ich auf dem Bettrand, er und seine russische Babka (Oma), wie er sie liebevoll nennt, mir gegenüber, jeder eine Bibel in der Hand, und wieder geht es um theologische Fragen. Zwischendurch laden sie mich ein ins Gärtchen hinter dem Haus, das sie zum Überleben brauchen. Die Tomaten, Kartoffeln, den Kohl und die Zwiebeln müssen sie selbst anbauen. Ihre knappe Rente reicht nicht, um das auf dem Markt zu kaufen. Es sind gerade die Himbeeren, Stachelbeeren und schwarzen Johannisbeeren reif, daß ich mich stärken kann für die nächste Runde der theologischen Diskussion.

Nun kann er es sich offenbar gestatten, mir guten Gewissens Aufgaben anzuvertrauen.

Ich soll von nun an vierzehntäglich noch eine zweite Gemeinde betreuen, die sich draußen auf einer früheren Kolchose, in Utschchoz, in Wohnungen sammelt. Der dortige Gemeindeleiter ist schwer erkrankt, und sie wünschen einen Bruder, der das Wort führt. Die Frauen könnten das zwar ebenso gut, aber diese Variante ergreifen sie nur im Notfall.

Ich nehme mir eine Delegation aus unserer Gemeinde mit, den Edik, der die Liturgie halten soll, einige Frauen für den Gesang, einige fürs Gebet. Wir werden stets mit großer Freude erwartet. Etwa zwanzig Frauen kommen für zwei bis drei Stunden zusammen.

Die Gastgeberfamilie des Victor Wolf stellt ihr geräumiges Häuschen zur Verfügung. Es ist mit einigem Komfort gut und geschmackvoll eingerichtet. Alles ist blitzsauber. Auch die Toilette! Sie erzählen: »Wir haben uns von der Kolchose die Häuser mit den Gärtchen, die Felder und das Vieh zurückgekauft. Es war eine Vorzeige-Kolchose mit Versuchsfeldern für die Institute von Akademgorodok, vorwiegend arbeiteten hier Deutsche. Jetzt leben wir wieder als selbständige Bauern. Uns geht es gut. Und wenn nicht noch schlimme staatliche Auflagen und Schikanen kommen, die uns das Leben erschweren, bleiben wir gerne hier und stellen keinen Ausreiseantrag.« Ihren soliden Lebensstandard bekommen wir zu spüren, wenn sie uns nach dem Gottesdienst reichlich bewirten und die unverzehrten Reste sogar noch mitgeben. In der städtischen Gemeinde heißt es neuerdings: »Mr hert, es sei so scheen in Utschchoz, derfe mer aa miit?« Und so wächst die Delegation ständig.

Immer mehr bekomme ich nun auch Zugang zu den Gemeindemitgliedern in der Stadt. Viele laden mich ein. Dabei erzählt die Maria zum Beispiel von ihrem Geschick: »Wir sind vier Kinder gewesen, als man uns aus dem Wolgagebiet herausholte. Vor unseren Augen hat man die Großeltern erschossen, den Vater in den Norden in den Schacht geschickt, uns anderen hierher gebracht. Dann die Mutter von uns drei Kindern getrennt, nur den Säugling durfte sie behalten, sie wurde in ein Arbeitslager gesperrt. Wir aber kamen ins Kinderheim nach Magadan im fernen Osten. Erst nach Stalins Tod durften wir zurück nach Nowosibirsk, unsere Eltern lebten noch, und wir waren wieder vereint. Zusammen mit einer Russenfamilie wurden wir in eine Wohnung gesteckt, die mußte aufpassen und melden, damit wir ja kein deutsches Wort miteinander redeten. Die Mutter hat uns aber heimlich abends unter der Bettdecke deutsche Gebete und das Vaterunser gelehrt. Das ist seitdem fast das einzige, was ich auf deutsch noch kann. Meine Tochter wollte im Studium die deutsche Sprache lernen. Weil sie Faschistenkind sei, haben sie ihr aber den Studienplatz nicht gegeben. Erst meine zweite Tochter kam dann in den Genuß der Perestroika. Sie hat mit dem Deutschstudium begonnen. Und sie lernt so gut, daß sie als Auszeichnung einen anderthalbmonatigen Aufenthalt in Deutschland bei einer Familie geschenkt bekam.«

Und die Wes (Tante) Marie berichtet mir: »Ich wollte vorige Woche meinen Hund einschläfern lassen, weil mit meiner knappen Rente das Brot für beide nicht reicht. Er bekam die teure Spritze, schläft viel, und lebt diese Woche noch immer, guckt mich mit seinen treuen Augen an und bekommt weiterhin sein Brot. Ich habe vor ihm ein schlechtes Gewissen und bin froh, daß ich ihn noch habe.«

Ich treffe aber auch naive Gemüter. Die alte Frau, die mich fast bei jedem Gottesdienst mit Bonbons beschenkt, fragt immerzu: Wie lange bleibt Ihr noch da? Wenn Ihr zurückgeht und trefft dort den Samuel, der ist aus dem Altaier Kreis nach Deutschland ausgereist, dann grüßt ihn von mir. Ich bin die Liese.«

Inzwischen bin ich mit dem alltäglichen Leben vertraut, und doch entdecke ich immer wieder neue Dinge, die mich belustigen oder beeindrucken und die mir des Erwähnens wert sind. Ich habe sie in »Aphorismen« gekleidet:

In meiner Wohnung gibt es als einziges Reinigungsmittel einen Reisigbesen – offenbar für Haus, Hof, Garten, Straße und Teppich. Entsprechend vergröbert sieht es danach auch bei mir aus.

Vorm Haus werden neue Kartoffeln angeboten. Das Kilo kostet umgerechnet drei Mark, so daß sie sich ein Rentner mit 25 DM Rente im Monat nicht kaufen kann. Brot ist auch schon wieder teurer geworden, die Leute klagen.

Die Russen haben wohl ein weites Herz, aber eine unzuverlässige Uhr. Der Valeri ist jedenfalls nicht zur Verabredung erschienen.

Eheliche Auseinandersetzung: Während Tolja die Ogroschka (kalte Gurkensuppe) auf meinen Teller gegeben, einen kleinen Klecks saurer Sahne dazugefügt hat und nun liebevoll mit dem Löffel breitrührt, fährt ihn Irina an: Was fällt dir ein, anderen Leuten in der Suppe zu rühren! Das macht man nicht! Unser Gast ist doch ein kulturvoller Mensch!

Inzwischen übe ich auch mit Lust im Bus die raffinierte Technik der Fingerfertigkeit beim Bezahlen, die sowohl Schaffner als auch Fahrgast beherrschen: Man jongliert mit einem einzigen schnellen Handgriff mit zwei Fingern die hundert Rubel in die Hand der Schaffnerin hinüber, während man gleichzeitig mit den anderen zwei Fingern den empfangenen Fahrschein herübergleiten läßt.

Vor meinem Haus werden gerade billige Bananen verkauft. Im Nu sind Platz und umliegende Straßen voller Schalen und angebissener Bananen. Es besteht also die nächsten Tage Ausrutschgefahr.

Dank des letzten Regens ist endlich die Mückenplage vorbei. Nun sind die Stubenfliegen dran. Aber es sind eben sibirische, die sind offenbar anders als deutsche. Bei unseren einheimischen bin ich beim Fangen meist erfolgreich. Die hiesigen sind durchweg fixer als ich.

Im Kaufhaus nebenan tropft es wieder mal durch die Decke. Die Ware ist eilig unordentlich zur Seite geräumt. Tücher liegen auf dem Fußboden, Pfützen stehen. Die Kunden meinen: Es sieht aus wie nach der Revolution.

Im Bus neben mir sitzt ein alter Mann mit dem typischen speckigen Zweireiher-Jacket. Dazu trägt er eine schreiend bunte Adidas-Trainingshose. Solche »Papageien« laufen mehrere herum.

Nun habe ich es doch gewagt, mich vor einer dicken Matrone – so einer stoßenden, strampelnden, Ellenbogen gebrauchenden, schrillen und wilden »Kuh« – schnell in den Bus zu drängeln. Prompt schimpft die mich: »Gaul!« Und mit Nachdruck fügt sie hinzu, jede Silbe betonend: »Pr-sche-wals-ker!« Ja, das »equus prshewalski« gibt es tatsächlich. Was gibt es doch für zoologisch gebildete Leute!

Da ist auch wieder die Alte mit der gelben Pelzmütze, die aussieht wie eine Perücke, weil sie darüber auch noch ein Kopftuch trägt. In der Hand hat sie drei Zigaretten und eine verbogene Gabel, auf der Nase zwei Brillen, bei der einen fehlt das rechte Glas, bei der anderen das linke.

3. Monat

Im dritten Monat sind wir in der Gemeinde gut miteinander verwachsen. Ich gehöre voll dazu. Sie scherzen mit mir, sie lachen, wenn ich ihren Dialekt nachmache. Die meisten haben sich ihren Humor bewahrt. »Guckt«, amüsieren sie sich, »er schreibt schon wieder. Er sammelt unsere besondere Wolga-Ausdrücke. Was haben wir denn nun schon wieder für neue Wörter gesagt?« Sie wollen sich ausschütten vor Lachen, wenn ich es gleich in einem Satz zusammenfasse: »Na, dies, daß der Hund, der da unter den Tisch gekrottelt (gekrochen) ist, immer gauzt (bellt), wenn die Schnerch (Schwiegertochter) wieder ahrappelt (anruft).« Und sie bringen mir manche geistreichen russischen Sprichwörter bei, zum Beispiel: Wenn ich gewußt hätte, wo ich stürzte, hätte ich vorher Stroh hingeschüttet.

Manchmal spotten sie auch über die Russen, da, wo es beispielsweise um die Schönheit geht, und sie zitieren einen Russen, übersetzt in ihren charakteristisch gefärbten Dialekt: Es soll auch hibische deitsche Menschen geben. Do denkt mr gar net, doß die e Deitscher sind, die sind grad so hibsch wie e Russ.

Sie klagen aber auch, »das ist Euer letzter Monat. Es wäre gescheiter, wir stellten uns noch ein bissel dümmer an, daß wir noch viele Fragen hätten und noch sehr viel lernen müßten, daß Ihr Eure Wegreise noch hinauszögern müßtet – oder am besten ganz dableibet«. Ich muß mir deshalb überlegen, wie es denn nach so einem Kurzbesuch bei ihnen weitergehen könnte. Bislang war ihnen ihr Gemeindeleben auf ein Minimum beschränkt worden. Sie durften lediglich Gottesdienste feiern. Alles andere war verboten.

Nun ist alles wieder möglich. Aber sie sind in der Entfaltung ihrer Möglichkeiten unerfahren und ungeübt. Ich muß sie zur Selbsthilfe anleiten.

Die neu eingerichtete Bibelstunde war eine solche Neuerung. »Wie solln mr das aber weiter kenne, wenn Ihr nicht mehr da seid?« »Nun, Bruder Christian, jetzt übernehmt Ihr die Bibelstunde.« »Das kann ich nicht. Ich hab doch nicht studiert.« »Aber Eure Lebenserfahrung ist ein ebensolches Studium, ein nicht unwichtiges. Dazu kommen die Erfahrungen der anderen. Also, versucht es allein. Ich setze mich stumm dazu und bin für Anfragen bereit.« Und siehe da, sie können es auch alleine großartig. Sie stellen mir dabei zwar viele Fragen, die ich aber weitergebe, und sie beantworten sie auch selbst.

Dabei kommen sie von selbst darauf: Wir müßten noch weitere Brüder einsegnen und Leute einsetzen, die sich um Kinderarbeit kümmern, die wieder einen Chor aufbauen, die manches in der russischen Sprache tun, damit wir auch die jüngere Generation in die Gemeinde bekommen.

Vor Wochen war ich noch so kleinmütig gewesen, daß ich dachte, es bewege sich nichts. Jetzt beauftragen sie mich ganz offiziell, weitere Brüder einzusegnen. Dazu bin ich nach Omsk gefahren, das liegt nebenan und ist bereits in zehn Stunden Busfahrt zu erreichen. Dort wohnt der Superintendent Nikolaus Schneider, ebenfalls ein Laie. Mit ihm habe ich besprochen, wie ich vorgehen wollte: Der jüngere Bruder Willy, auch sonst aktiv in der Gemeinde, soll eingesegnet werden, um all die Neuerungen in der Gemeinde voranzutreiben und zu begleiten. Der Edik aber soll zum Theologiestudium mit Kurssystem nach St. Petersburg geschickt werden, damit er richtig als Pfarrer ausgebildet und ordiniert wird. Edik sagt mit Freuden zu, seine Mutter kann sich vor Glück nicht fassen, und die Gemeinde ist froh über diese hoffnungsvolle Perspektive: »Ja, wir wollen auch gern alle mithelfen mit unseren Notpfennigen, daß er seine halbjährlichen Fahrten dorthin bezahlen kann.«

In Omsk habe ich übrigens noch eine andere schöne Erfahrung gemacht. Ich finde dort kein Quartier, weil der

Superintendent wieder einmal im Krankenhaus lag und mich darum nicht aufnehmen konnte. Ich habe im Krankenhaus alle Dinge mit ihm besprochen. Wo aber werde ich mein Haupt für die Nacht betten? Der Kirchredner Sascha stand bei meiner Ankunft in der Kirche zufällig dabei und erkannte mein Problem und bot mir selbstverständlich an: »Dann wohnt Ihr eben bei mir.« Er hat sich zwei Tage in rührender Weise um mich gekümmert, mich ins Krankenhaus geführt, zum alten Bethaus, zur neuerbauten Kirche, zu vielen Gemeindemitgliedern, und er hat extra auf der Arbeit angerufen, er könne nicht kommen, er habe einen Gast. Das ist ein allgemein anerkanntes Argument. Als ich mich bei der Verabschiedung für seine Aufopferung bedanke, wehrt er ab: Das ist nichts besonderes. Der Herr Jesu hat gesagt, wenn ihr jemand in meinem Namen aufnehmt, dann habt ihr mich aufgenommen. Also, wart Ihr für mich soviel wie der Herr Jesu.« So direkt bemühen sich Gläubige, Bibelworte in die Tat umzusetzen.

Den direkten Zugang zum Bibelwort merke ich ebenfalls bei den Gottesdiensten. Gelegentlich hatte ich bei der Predigt Anschauungsmaterial verwendet.

Bei einem Besuch hatte ich zum Beispiel bei Leuten eine hübsche alte Waage gesehen. Da kam mir die Idee, sie auszuleihen und im Gottesdienst einzusetzen. Ich wollte damit das Gericht Gottes am Jüngsten Tage verdeutlichen. Vor der Predigt hatte ich mir Namen aus der Gemeinde zurufen lassen und sie auf je einen Zettel geschrieben. Einen dieser Zettel mit dem Namen »Lydia« lege ich nun auf die Waage (»Das bin ich!« tönt es von hinten), und ich male der Gemeinde aus, wie der Teufel den betreffenden Menschen vor Gott schlecht macht und verklagt, so daß am Ende herauskommt: »Gewogen, gewogen ...« – und die Gemeinde ergänzt den Satz im Chor: »... und zu leicht befunden!« Ich lasse den Namenszettel auf die Erde fallen. Lydia aber springt auf und ruft: »Das ist schrecklich. Das bedeutet Verwerfung. Aber es ist wahr!« So tue ich das mit den anderen Namen auch. Jedesmal ist Totenstille, bis aus einer Ecke eine Reaktion kommt. Und zuletzt stimmen alle ein: »Wir sind Sünder, das ist wahr.« Aber ich wollte ja nur die Rolle des Verklägers vorführen. Und der soll nicht das letzte Wort behalten. Jemand gibt mir die schnell eingesammelten Zettel zurück, und ich wiege noch einmal. Diesmal will ich nicht Gerechtigkeit, sondern Gnade deutlich machen. Wieder beginne ich bei Lydia und male aus: Nun aber wird Christus bei Gott stehen und für sie eintreten und wird antworten: Was der Verkläger sagt, stimmt alles, aber seine Klage ist machtlos geworden. Ich, Christus, bin stärker. Er wird ins Feld führen, die Lydia sei einst auf seinen Namen getauft worden (im Russischen taucht hier das »Kreuz« auf), sie habe dieses Kreuz bejaht und auf sich genommen. Und Christus hat am Kreuz alle ihre Verfehlungen bereits selbst gebüßt, die sind nun schon abgegolten, die kann der Verkläger nicht mehr ins Feld führen.

Ich hatte mir aus Pappe ein Kreuz zurechtgeschnitten, das lege ich nun auf die andere Waagschale und drücke sie nieder. Diesmal kommt beim Abwiegen heraus: »Gewogen, gewogen ...«, und alle rufen: »... und für recht befunden!« Jemand ergänzt noch: »Gehe ein zu deines Herrn Freude.« Lydia aber springt auf: »Her mit dem Namenszettel! Den lege ich mir in meine Bibel, daß ich ihn immer wieder sehe – der Name ins Buch des Lebens geschrieben. Ich will das nie mehr vergessen!«

Mit ihrer lebhaften Reaktion haben sie mir oft mehr gepredigt als ich ihnen.

Es gab aber auch Situationen, wo ich keine Antwort wußte. Ich hatte nebenbei in der Stadt im deutschen Volkschor mitgesungen, was mir sehr viel Vergnügen bereitete. (Bei der Gelegenheit gab sich kurz vor meiner Abreise eine Frau zu erkennen: »Ich gehöre zu der zweiten abgespaltenen Gemeinde, die Ihr immer gesucht habt. Unser Leiter ist schon lange nach Erfurt ausgereist, wir sind noch fünf Leute. Weil wir aber vom Gemeindehaus so weit weg wohnen, wollen wir lieber weiter für uns bleiben.«)

Beim Besuch einer deutschen Bundestagsdelegation trat der Chor öffentlich auf. Im Saal waren Gemeindemitglieder anwesend und entdeckten mich vorn auf der Bühne. Hinterher stellten sie mich zur Rede: »Ihr habt ja im Volkschor mitgesungen.« »Hat es euch gefallen?« fragte ich zurück. »Aber da singt ihr doch Volkslieder!« »Ja, das waren doch schöne Lieder, nicht wahr?« »Aber Volkslieder singen ist doch Sünde!« »Na, ich weiß nicht. Bei uns in Deutschland ist das keine Sünde.« »Aber doch! Volkslieder sind weltlich. Und man kann nur einem Herrn dienen. Nun aber erklärt uns, warum das bei Euch keine Sünde ist.« Ja, was sollte ich dazu erklären. Ich bin ihnen die Antwort schuldig geblieben. Ich habe zwar einige Volkslieder von Matthias Claudius zitiert mit ebenfalls geistlicher Aussage, aber ich wollte sie auch nicht in ihrem Glauben verunsichern. Die Frage blieb ungeklärt, wie die folgende auch.

»Wie ist denn das mit unserem Christusbild vorn am Altar. Unser vorhergehender Leiter hat gesagt, daß Bild muß weg, es ist falsch. Da ist Christus mit vier Nägeln gekreuzigt. Es müssen aber drei sein. So heißt es auch in einem Lied aus dem Wolgagesangbuch. Nun hat der Bruder Gottlieb inzwischen aber unser Land verlassen, das Bild ist hängen geblieben. Nun sagt Ihr, wie muß es richtig sein?« Ich bin verblüfft und auf so eine Frage zunächst gar nicht vorbereitet, bis ich zuletzt zugeben mußte, in der Bibel stünde nichts davon, und für meinen Glauben trüge das auch nichts aus. »Aber Ihr habt doch studiert. Ihr müßt das doch wissen.« »Nun, dann nehmt das als Auskunft: Euer schlauer deutscher Paster weiß keine Antwort.« Das scheint eine neue, irritierende Erkenntnis für sie zu sein, bisher wurde im Kommunismus immer gelehrt, daß man auf alle Fragen eine Antwort wüßte.

An einer anderen Stelle schließlich habe ich die Gemeinde »verdorben« und ihre gesetzlich strenge Art aufgeweicht. Sie kamen von selbst darauf: »Wenn Ihr leider nun doch gehen müßt, werden wir wenigstens am letzten Sonnabend mit Eich noch eine große Tschajepitje machen.« Andere fallen ihnen ins Wort: »Nun redt doch deitsch mit ihm. Er ist doch e echter Deitscher!« Scheinheilig frage ich zurück, nachdem ich ja sowieso im

Umgangsgespräch die ganze Zeit fast nur mit ihnen russisch geredet habe. »Ach, tschai heißt wohl Tee? Ihr ladet mich zum Teetrinken ein?« Sie amüsieren sich und korrigieren sich künftig immer selbst und sagen das eine Wort auf deutsch, wenn sie wieder vom Teetrinken anfangen.

Sie planen offenbar ein großes Abschiedsfest. Es wird tatsächlich eine großartige Sache. Sie haben Kuchen und Torten gebacken, sie bringen belegte Brote, Salate, Früchte aus ihren Gärten, Tee und Kaffee. Im Kirchsaal sind lange Tafeln aufgestellt, liebevoll mit Blumen dekoriert. Es wird ein schönes Fest mit fröhlichem Schmaus unter vielen Scherzworten. So daß der Bruder Christian gelegentlich mahnen muß: »Net zu laut lachen. Wir sind ja in der Kerch!« Es wird viel gesungen. Einige tragen sogar extra vorbereitete Lieder vor, sie sagen Gedichte auf, und überreichen mir viele Blumen. Dann wird es beim abschließenden Wiedersehenslied und bei den Umarmungen doch noch ein bißchen traurig. Es wird gelacht und geweint und viel geküßt. So viele Küsse wie dort habe ich wohl in den letzten zehn Jahren nicht bekommen. Und sie sagen mit etwas Schadenfreude über die Tschajapitje: »Wenn Bruder Gottlieb wüßte, daß wir so ein Teetrinken gemacht haben, das gab es noch nie in unserer Kirche. Er hätte es glatt verboten. Aber schön war es doch!«

Wenn ich nachträglich die Dauer des Einsatzes in der Gemeinde überdenke, meine ich, es war eine sehr kurze Zeit. Drei Monate sind für eine grundlegende Hilfe nicht genügend. Aber die Zeit war offenbar ausreichend, um einen Stein ins Rollen zu bringen. Es war augenfällig, daß die Gemeinde begonnen hatte, sich aus einer gesetzlichen Starre und gemeindlichen Enge zu lösen, daß sie einen Blick für die Weite neuer Kontakte bekommen hatte (sie fuhren auch später nach Omsk zur Einweihung der neuen deutschen Kirche) und daß sie sich für Neues aktivieren ließen. Die Zeit reichte auch, um sich gegenseitig ans Herz zu wachsen. Der Abschied war schwer – für beide Seiten. Es gab bei ihnen schon Tage vorher Tränen. Aber es wird auch weiterhin Briefe geben.

Eine Frau hatte mir noch ein Heft überreicht, darin hat sie in Schönschrift viele Lieder aufgeschrieben, die ich gern im Gottesdienst gesungen hatte, auch Sprichwörter, Scherze, wichtige Vokabeln.

Zum Schluß schreibt sie darin:

»Nun ist auch die Abschiedsstunde gekommen, wo ihr wegfahrt von uns. Wünschen Ihnen alles Gute auf den Weg in Eure Heimat. Möge der Schutzengel des Herrn Euer täglicher Tröster, Helfer und Begleiter sein. Werden oft an Euch denken und sprechen von Ihnen, haben so manches von Ihnen gelernt und gut miteinander verstanden, deshalb wird es uns leid tun nach Ihnen. Aber was machen? Mit unserer Macht ist nichts getan. Vergeßt auch uns nicht, denkt an uns Verlassene und Verstoßene in der weiten Ferne, die keine irdische Heimat haben, wollen kämpfen für die himmlische Heimat.

Wünschen Euch ..., damit Ihr Gottes Wort weiter führen und erklären könnt, so daß noch so manche Seele, die noch in Finsternis und Todesschatten ist, auf den rechten Weg kommt, den Weg wo nach die ewige Heimat führt ...

Betet für uns und wir für Euch alle.

Lassen Sie Eure Gemeinde grüßen von unserer Gemeinde mit dem Psalm 9, 10-12:

›Der Herr ist des Armen Schutz, ein Schutz in den Zeiten der Not. Darum hoffen wir auf dich, die deinen Namen kennen; denn du verlässet nicht, die dich, Herr, suchen.

Lobet den Herrn, der zu Zion wohnt; verkündigt unter den Völkern sein Tun!‹

Ella, Schwester in dem Herrn der Evangelischen Lutherischen Gemeinde zu Nowosibirsk.«

(1994)

Vielgeehrter Pastor, Gernot!

Nun ist auch die Abschiedsstunde gekommen, wo ihr wegfährt von uns. Wünschen Ihnen alles Gute auf den Weg nach eure Heimat. Möge der Schutzengel des Herrn euer täglicher Tröster, Helfer und Begleiter sein. Werden oft an Euch denken und sprechen von Ihnen, haben so Manches von Ihnen gelernt und gut miteinander verstanden, deshalb wird es uns leid tuen nach Ihnen. Aber was machen? Mit unser Macht ist nichts getan. Vergeßt auch uns nicht, denkt an uns Verlassene und Verstoßene in der weite Ferne, die keine irdische Heimat haben, wollen kämpfen für die Himmlische Heimat, den ohne

Kampf, gibt es keinen Sieg.
Wünschen euch gute Gesundheit auf langen Jahren, damit ihr das Gottes Wort weiter führen und erklären könnt, sodaß noch so manche Seele, die noch in Finsternis und Todesschatten sind, auf den rechten Weg kommen - den Weg, wo nach die ewige Heimat führt.
Gott, gebe Ihnen Gesundheit, Kraft und Geduld dazu, alles zu überwinden, mit Gottes Hilfe und Beistand.
Betet für uns und wir für Euch allen.
Lassen Sie Eure Gemeinde grüßen, von die unsere Gemeinde mit den
Gruß: Psalm 9, 10-12.

Ella, Schwester in dem Herrn der
Ev. Luth. Gemeinde zu Nowosibirsk.

24/VIII - 94.